TOP'ACTUEL

FISCALITÉ 2022-23

Daniel Freiss
Brigitte Monnet

Daniel Sopel
Conseiller éditorial

hachette

Dans la même collection

- ▶ *Comptabilité 2022-2023*
- ▶ *Droit de l'immobilier 2022-2023*
- ▶ *Droit des sociétés 2022-2023*
- ▶ *Droit du travail 2022-2023*
- ▶ *Fiscalité du patrimoine 2022-2023*
- ▶ *La paye 2022-2023*
- ▶ *Micro-entrepreneur 2022-2023*
- ▶ *Plan comptable général 2022-2023*

(Autorisé aux examens et concours)

Les informations et chiffres présentés dans cet ouvrage sont à jour au 31 décembre 2021.

Maquette intérieure : OPIXIDO
Couverture : Hachette Éducation
Réalisation : Jérôme Pagès
Édition : Adeline Pécout

www.parascolaire.hachette-education.com
ISBN : 978-2-01-718217-7

SOMMAIRE

Le bénéfice imposable

L'impôt sur le revenu (BIC)

L'impôt sur les sociétés

La TVA

L'IMPOSITION DES BÉNÉFICES DES ENTREPRISES

Il n'existe pas un seul impôt sur les bénéfices en France mais deux : **l'impôt sur le revenu** et **l'impôt sur les sociétés**. Les entreprises seront soumises à l'un ou l'autre en fonction de leur statut juridique.

	Impôt sur le revenu (IR)	Impôt sur les sociétés (IS)
Formes juridiques concernées	Entreprise individuelle, EIRL, EURL (associé personne physique), société en nom collectif. Possibilités d'option : les EURL et les SNC peuvent opter pour l'IS. **Remarque :** à l'IR, les entreprises n'ont pas de vraie existence fiscale, ce sont les propriétaires (entrepreneur individuel ou associés) qui déclarent les bénéfices ou parts de bénéfice en leur nom propre.	SARL, SA, SAS, EURL (associé personne morale), société en commandite par actions. Possibilités d'option : les SARL à caractère familial peuvent opter pour l'IR. Les SA, SAS, SARL peuvent opter pour une durée de 5 ans dans les 5 premières années de leur existence. **Remarque :** à l'IS, les entreprises déclarent elles-mêmes leurs bénéfices.

Quels que soient la forme juridique de l'entreprise et son mode d'imposition (IR ou IS), il existe plusieurs régimes déclaratifs qui correspondent à des obligations déclaratives plus ou moins contraignantes.

En matière de résultat fiscal, comme pour **la déclaration de TVA** (voir p. 53), l'affiliation à un régime dépend du chiffre d'affaires hors taxes. On retrouve le régime du réel normal et réel simplifié pour lesquels, il est prévu une évaluation réelle (voir fiches 2 à 10) du résultat fiscal. Le régime du micro-BIC prévoit une évaluation forfaitaire du bénéfice imposable. On applique un abattement forfaitaire (pourcentage du chiffre d'affaires en fonction de la nature de l'activité) sur le chiffre d'affaires hors taxes : 71 % pour les livraisons de biens, 50 % pour les prestations de service, 34 % pour les professions libérales.

La loi du 4 août 2008 sur la modernisation de l'économie applicable au 01/01/09 a créé le statut de l'auto-entrepreneur pour les entreprises qui entrent dans les seuils des micro-entreprises. Pour l'imposition des bénéfices, ce régime prévoit sous certaines conditions (notamment de revenus) un prélèvement libératoire trimestriel ou mensuel calculé sur le chiffre d'affaires (compris entre 1 et 2,2 % suivant la nature de l'activité).

	Impôt sur le revenu (IR)	Impôt sur les sociétés (IS)
Modalités de déclaration	Déclaration à date fixe, l'année suivant la clôture des comptes (avant le 1er mars de chaque année, mais un délai est donné aux entreprises jusqu'au 30/04). Les bénéfices sont classés par catégories en fonction de la nature de l'activité de l'entreprise : – bénéfices non commerciaux : professions libérales sauf experts-comptables ; – bénéfices agricoles : entreprises agricoles ; – bénéfices industriels et commerciaux (BIC) : entreprises artisanales, industrielles et commerciales. **Remarque :** certaines opérations sont rattachées aux BIC bien que n'ayant pas un caractère commercial, par exemple : une location en meublé.	Date de déclaration en fonction de la date de clôture des comptes de la société. Le solde de liquidation est déclaré et versé le 15 du quatrième mois suivant la clôture.
Territorialité	Toute personne physique qui a perçu des revenus et qui a son domicile fiscal en France. Elle est imposable sur l'intégralité des bénéfices réalisés qu'ils soient de source française ou étrangère.	Toute personne morale exploitée en France. Seuls les bénéfices résultant de cette exploitation en France sont passibles de l'IS.
Principe de calcul	Résultat fiscal × taux (le taux d'imposition est progressif).	Résultat fiscal × taux (le taux d'imposition est proportionnel).

Dans cet ouvrage, pour ce qui est des entreprises soumises à l'IR, on ne s'intéressera qu'à celles relevant de la catégorie BIC (bénéfices industriels et commerciaux).

PRINCIPE DE CALCUL DU RÉSULTAT FISCAL

Le bénéfice imposable ou résultat fiscal se calcule à partir du résultat comptable, mais il existe des différences dans les règles de détermination de ces deux éléments. Ainsi, on a :

Résultat comptable = produits comptabilisés (classe 7) – charges comptabilisées (classe 6)

Résultat fiscal = produits imposables – charges déductibles

Les produits imposables et les charges déductibles sont fixés dans le code général des impôts.

Exemple

L'entreprise individuelle Lefrançois, spécialisée dans le négoce de produits informatiques, vous fournit les renseignements suivants :

➥ Extrait de la balance au 31/12/2015

	Débit	Crédit
6037 - Variation de stocks de marchandises	5 680	
607 - Achats de marchandises	554 630	
61/62 - Services extérieurs	98 960	
63 - Impôts	7 640	
641 - Rémunération du personnel	56 810	
644 - Rémunération de l'exploitant	61 000	
645 - Cotisations sociales du personnel	18 360	
646 - Cotisations sociales personnelles de l'exploitant	13 390	
661 - Charges d'intérêt	7 430	
6712 - Pénalités, amendes fiscales et pénales	630	
6811 - Dotations aux amortissements immob. corp. et incorp.	26 390	
707 - Ventes de marchandises		853 720
764 - Revenus de valeurs mobilières de placement		7 230
Totaux	**850 920**	**860 950**

⚠ *REMARQUES*

Toutes les charges sont déductibles fiscalement sauf la rémunération de l'exploitant et l'amende. Tous les produits sont fiscalement imposables sauf les revenus de valeurs mobilières de placement.

À l'inventaire, l'entreprise a constaté un gain latent de change de 420 € inscrit dans le compte « 477- Écart de conversion passif » qui est imposable fiscalement.

➥ Tableau de calcul des résultats

	Résultat comptable	Résultat fiscal	
Produits			
707	853 720	853 720	Comptabilisé en classe 7 et fiscalement imposable
764	7 230		Comptabilisé en classe 7 et fiscalement non imposable
Gain latent		420	Non comptabilisé en classe 7 et fiscalement imposable
Charges			
6037	– 5 680	– 5 680	Comptabilisée en classe 6 et fiscalement déductible
607	– 554 630	– 554 630	Comptabilisée en classe 6 et fiscalement déductible
61/62	– 98 960	– 98 960	Comptabilisée en classe 6 et fiscalement déductible
63	– 7 640	– 7 640	Comptabilisée en classe 6 et fiscalement déductible
641	– 56 810	– 56 810	Comptabilisée en classe 6 et fiscalement déductible
644	– 61 000		Comptabilisée en classe 6 et fiscalement non déductible
645	– 18 360	– 18 360	Comptabilisée en classe 6 et fiscalement déductible
646	– 13 390	– 13 390	Comptabilisée en classe 6 et fiscalement déductible
661	– 7 430	– 7 430	Comptabilisée en classe 6 et fiscalement déductible
6712	– 630		Comptabilisée en classe 6 et fiscalement non déductible
6811	– 26 390	– 26 390	Comptabilisée en classe 6 et fiscalement déductible
Totaux	**10 030**	**64 850**	

De façon plus rapide, on peut partir du résultat comptable et ne corriger que les différences entre approche comptable et fiscale :

Résultat comptable	10 030	
– revenus de valeurs mobilières de placement	– 7 230	Ces produits ne sont pas retenus en fiscalité, le résultat fiscal baisse (il y a moins de produits).
+ gain latent	+ 420	Le gain latent augmente les produits fiscaux donc le résultat fiscal.
+ rémunération de l'exploitant	+ 61 000	Ces charges ne sont pas retenues en fiscalité, le résultat fiscal augmente (il y a moins de charges).
+ amendes	+ 630	Ces charges ne sont pas retenues en fiscalité, le résultat fiscal augmente (il y a moins de charges).
= résultat fiscal	64 850	

Les « + » sont appelés des réintégrations, les « – » sont appelés des déductions.

Conclusion

Résultat fiscal = résultat comptable + réintégrations – déductions

Réintégrations	Déductions
• charges comptabilisées en classe 6, mais non déductibles fiscalement • gains non comptabilisés en classe 7, mais imposables fiscalement	• produits comptabilisés en classe 7, mais non imposables fiscalement • pertes non comptabilisées en classe 6, mais déductibles fiscalement

LES PRODUITS IMPOSABLES AUX BIC

Les produits comptabilisés en classe 7 sont, sauf cas particuliers, imposables au cours de l'exercice où ils sont enregistrés.

1 - LES PRODUITS D'EXPLOITATION

Ventes de produits finis et de marchandises Comptes 701 et 707	Le montant imposable est le montant total hors taxes en euros. Si le prix est libellé en devises étrangères, il est converti en euros au cours du jour de l'opération. Les ventes sont rattachées à l'exercice au cours duquel intervient la **livraison du bien** indépendamment de l'échelonnement des paiements. Seules les ventes sous condition suspensive sont rattachées à l'exercice de réalisation de l'événement qui permet le transfert de propriété.
Prestations de services Compte 706	Prestations de services ponctuelles : elles sont imposées au cours de l'exercice **d'achèvement de la prestation**. Prestations de services continues (loyers) ou discontinues (plusieurs phases de réalisation) : elles sont imposées **au fur et à mesure de leur exécution**.
Travaux d'entreprise Compte 704	Rattachement à l'exercice de réception ou à l'exercice de mise à disposition du maître de l'ouvrage si celle-ci est antérieure à la réception.
Produits accessoires Comptes 708	Imposables. Les revenus des immeubles sont imposables si les immeubles sont affectés à l'exploitation. Attention, si un immeuble est non affecté à l'exploitation mais inscrit au bilan et ne dépasse pas 5 % des produits, l'entreprise peut demander l'imposition aux BIC.
Subventions d'exploitation Compte 74	Imposables au cours de l'exercice où elles sont acquises, c'est-à-dire l'exercice où elles sont accordées et non l'exercice où elles sont perçues.

2 - LES PRODUITS FINANCIERS

Produits des titres (comptes 761, 762, 764)	Concernant les dividendes perçus, la même règle que pour les produits accessoires est appliquée. Imposition au titre des BIC si les titres sont rattachés à l'exploitation.
Les gains latents de change	Ils sont imposables, mais ne sont pas comptabilisés en produits puisqu'ils sont inscrits au crédit du compte 477 – différences de conversion – Passif. Ils doivent donc être réintégrés au résultat fiscal de manière extra-comptable.

3 - LES PRODUITS EXCEPTIONNELS : COMPTE 77

Les subventions d'investissement

Les subventions d'investissement ou d'équipement sont des éléments du bénéfice imposable de l'exercice considéré (art. 38 du CGI). L'article 42 *septies* du CGI prévoit cependant des règles d'impositions particulières : « Les subventions d'équipement accordées à une entreprise par l'Union européenne, l'État, les collectivités publiques ou tout autre organisme public à raison de la création ou de l'acquisition d'immobilisations déterminées ne sont pas comprises, sur option de l'entreprise, dans les résultats de l'exercice en cours à la date de leur attribution... » Dans ce cas, l'entreprise pourra rapporter la subvention au résultat par fractions. La fraction de subvention diffère selon que la subvention a permis de financer une immobilisation amortissable ou non.

Immobilisation

- **Amortissable**
  - Le rapport au résultat de l'exercice est proportionnel à la dotation aux amortissements de l'immobilisation subventionnée.
    Dotation fiscale × (subvention/coût d'achat de l'immobilisation)
- **Non amortissable**
  - Pas de clause d'inaliénabilité → Étalement sur les 10 exercices suivants celui de l'attribution
  - Clause d'inaliénabilité → Étalement sur la durée de l'inaliénabilité

En cas de cession d'une immobilisation financée par une subvention d'investissement, la fraction de la subvention non encore rapportée aux bases de l'impôt est comprise dans le bénéfice imposable de l'exercice au cours duquel cette cession est intervenue.

Les indemnités

Les indemnités perçues en cas de vol, de sinistre, de contrat d'assurance-vie sont imposables.

LES CHARGES DÉCAISSÉES AUX BIC

1 - CONDITIONS GÉNÉRALES DE DÉDUCTION

Les charges inscrites en comptabilité dans les comptes de la classe 6 sont déductibles si les conditions de fond et de forme sont respectées.
Celles-ci sont précisées par les articles 39.1 pour les conditions de fond, et 54 *quarter*, pour les conditions de forme du CGI.

Conditions de fond

Les charges doivent être engagées dans l'intérêt de l'entreprise.

• Les charges doivent se traduire par une diminution de l'actif net de l'entreprise, il faut donc exclure toutes les dépenses qui prolongent durablement la durée de vie d'un actif immobilisé.

Attention ! Ne pas confondre avec les dépenses d'entretien d'une immobilisation qui sont bien des charges ! Il est toutefois toléré d'inscrire en charges déductibles les acquisitions de logiciels, petits matériels et outillages dont la valeur HT est inférieure ou égale à 500 €.

• Les charges doivent correspondre à la gestion normale de l'entreprise. Seront par exemple, exclues les charges résultant de sanctions pénales, de dépenses somptuaires, etc.

• Les charges ne doivent pas être exclues du résultat fiscal par une disposition expresse de la loi, auquel cas elles seront réintégrées au résultat fiscal.

Conditions de forme

• Les charges doivent être justifiées par un document : facture, feuille de paie, quittance, note de frais.

• Les charges doivent être comptabilisées au cours de l'exercice auquel elles se rapportent.

• Certaines charges doivent faire l'objet d'une déclaration spéciale : les frais de restaurant, cadeaux, de réception et de spectacles.

2 - PROBLÈMES PARTICULIERS

Il existe des charges pour lesquelles il y a des divergences entre le traitement comptable et le traitement fiscal, bien que comptabilisées, elles ne sont pas nécessairement déductibles fiscalement.

Charges d'exploitation		Déductibilité	Traitement fiscal
Assurance-vie souscrite par une entreprise individuelle Compte 616	Contrat souscrit au profit de l'entreprise : – sur la tête d'un homme clé(*) ; – sur la tête de l'exploitant individuel ou d'un collaborateur non déclaré homme clé. Contrat souscrit au profit d'un organisme financier : – imposé par l'organisme ; – contrat volontaire. Contrat souscrit au profit d'un membre du personnel.	 Oui Non (1) Oui Non (1) Oui (2)	 Aucun Réintégrer au résultat fiscal Aucun Réintégrer Aucun
(*) Homme clé : personne qui joue un rôle déterminant dans le fonctionnement de l'entreprise. (1) La prime n'est pas déductible lors de son versement mais l'ensemble des primes sera déduit de l'exercice qui voit l'échéance ou la réalisation du contrat. (2) La prime constitue un complément de salaire et suit le régime de celui-ci : déductible pour un salarié, non déductible pour le chef d'entreprise.			
Crédit-bail Location de voitures de tourisme Compte 612	La déductibilité de la redevance de crédit-bail ou du loyer est limitée à la fraction d'amortissement déductible sauf pour les véhicules loués moins de 3 mois.	Non au-delà de la limite	Réintégrer au résultat fiscal le dépassement
Il existe quatre plafonds de déduction (du plus polluant au moins polluant) : 9 900 €, 18 300 €, 20 300 € et 30 000 €.			
Charges de personnel Comptes : 644 646	Rémunération de l'exploitant individuel et charges sociales : – **rémunération** de l'exploitant ; – **charges sociales** versées au titre des régimes **obligatoires**. Rémunération du conjoint : Les charges sociales sont **toujours** déductibles.	 Non Oui Oui Oui	 Réintégrer Aucun Aucun Aucun
Impôts et taxes Compte 63	Ce sont des charges déductibles sauf les charges liées à l'impôt sur les bénéfices.		
Charges financières			
Compte 661	Intérêts versés sur emprunts **inscrits** au bilan. Intérêts versés à l'entrepreneur individuel.	Oui Non	Aucun Réintégrer
Compte 666 **Compte 686**	Pertes réelles de change (compte 65 si opération commerciale). Dotation pour pertes de change.	Oui Non	Aucun Réintégrer
Remarque : les pertes latentes de change inscrites au débit du compte « 476 – différences de conversion actif » constituent des charges déductibles et doivent donc être déduites extra-comptablement.			
Charges exceptionnelles			
Les dons et le mécénat Compte 671	Les dons ne sont pas déductibles pour la détermination du résultat fiscal mais ils ouvrent droit à une réduction d'impôt égale à 60 % du montant des versements dans la limite de 10 000 € ou 5 ‰ du chiffre d'affaires si ce montant est supérieur.	Non	Réintégrer Réduction d'impôt
Les pénalités et amendes	Ne sont jamais déductibles qu'elles soient pénales ou fiscales.	Non	Réintégrer

FICHE 5

LE TRAITEMENT FISCAL DES ACTIFS IMMOBILISÉS

1 - LE TRAITEMENT FISCAL DES AMORTISSEMENTS

Rappels comptables selon l'article 322-1 du plan comptable général :

– un actif amortissable est un actif dont l'utilisation par l'entité est déterminable ;

– un amortissement d'un actif est la répartition systématique de son montant amortissable en fonction de son utilisation.

L'analyse fiscale porte sur les dotations effectivement comptabilisées.

RETRAITEMENTS LIÉS AUX DIFFÉRENCES ENTRE APPROCHE COMPTABLE ET FISCALE

Situation	Conditions nécessaires	Conséquences pour le résultat fiscal
Amortissement fiscal = amortissement comptable	– même base amortissable (pas de valeur résiduelle) ; – durée d'utilisation comptable = durée d'usage fiscale ; – même mode d'amortissement (linéaire).	Aucun retraitement extra-comptable n'est à faire.
Amortissement fiscal > amortissement comptable	– existence d'une valeur résiduelle en comptabilité ; – durée d'utilisation comptable > durée d'usage fiscale ; – mode d'amortissement fiscal donnant des dotations initiales plus élevées que le mode d'amortissement comptable (exemple : dégressif).	Deux solutions : – pratiquer un amortissement dérogatoire ; – pratiquer des déductions extra-comptables tant que dotations fiscales > dotations comptables, puis des réintégrations par la suite.
Amortissement fiscal < amortissement comptable	Durée d'utilisation comptable < durée d'usage fiscale.	Puisque les dotations fiscales < dotations comptables, il faut pratiquer des réintégrations extra-comptables.

Le dispositif de suramortissement concerne les navires, les camions et les véhicules utilitaires légers peu polluants.

Autres corrections fiscales liées à certaines immobilisations

Pour les véhicules de tourisme, il existe un plafond fiscal (voir fiche 4).

2 - LE TRAITEMENT FISCAL DES DÉPRÉCIATIONS

Principe n° 1

On constate une dépréciation comptable si la valeur de l'immobilisation après amortissements comptables est supérieure à la valeur actuelle à la clôture des comptes. La valeur actuelle est déterminée en choisissant la valeur la plus grande entre la valeur vénale et la valeur d'usage de l'immobilisation.

Si au moment de la détermination de la valeur actuelle, il n'existait pas de valeur vénale et que la détermination de la valeur actuelle s'est faite uniquement sur la base de la valeur d'usage, la dépréciation comptable sera non déductible et devra être réintégrée de façon extra-comptable.

Principe n° 2

Si la dépréciation est déductible en vertu du principe n° 1, une deuxième vérification est à faire en calculant la dépréciation fiscale en comparant la valeur de l'immobilisation après amortissements fiscaux et la valeur actuelle à la clôture des comptes. Deux cas se présentent :

Situations	Conséquences pour le résultat fiscal
Dépréciation comptable = dépréciation fiscale	Aucune correction extra-comptable n'est à faire.
Dépréciation comptable > dépréciation fiscale	Il faut réintégrer la part qui correspond à la différence entre dépréciation comptable et dépréciation fiscale.

Conclusion

Ces retraitements sont aussi valables pour les sociétés soumises à l'IS. Les entreprises qui ne dépassent pas deux des trois seuils fixés ci-après : total bilan < 3 650 000 € ; CAHT < 7 300 000 € et effectif < 50 personnes, sont considérées comme des PME. À ce titre, elles sont autorisées à conserver les durées d'usage fiscales pour l'amortissement comptable de leurs immobilisations non décomposables, ce qui peut réduire le nombre de retraitements fiscaux à faire.

FICHE 6 DÉPRÉCIATIONS SUR ACTIF CIRCULANT ET PROVISIONS POUR RISQUES ET CHARGES

L'article 39 du CGI fixe les conditions générales de déductibilité des dépréciations et des provisions. Sont déductibles : « […] Les provisions constituées en vue de faire face à des pertes ou charges nettement précisées et que des événements en cours rendent probables, à condition qu'elles aient été effectivement constatées dans les écritures de l'exercice. […] »

1 - DÉPRÉCIATIONS SUR ACTIF CIRCULANT

Définition selon le plan comptable

L'article 322-9 du plan comptable général prévoit que « à la clôture, la valeur nette comptable des éléments d'actif, autres que les immobilisations corporelles et incorporelles, est comparée à leur valeur actuelle à la même date… ».

Si la valeur actuelle est inférieure à la valeur nette comptable, il faut alors constater une dépréciation.

Font partie des actifs circulants d'un point de vue comptable : les stocks, les créances clients, les valeurs mobilières de placement.

L'analyse de la déductibilité des dépréciations ne peut concerner que des dépréciations qui ont effectivement été constatées en comptabilité.

Conditions de déductibilité

• Principe

Pour être déductibles, les dépréciations doivent avoir été individualisées et être nettement précisées. Cela veut dire que les calculs doivent être fondés sur des méthodes de calculs statistiques. Toute évaluation forfaitaire entraîne la non-déductibilité de la dépréciation et donc sa réintégration extra-comptable.

• Cas particulier des titres

	Traitement fiscal	BIC	IS
Dotation pour dépréciation (compte 686)	MVLT donc réintégration dans le résultat fiscal de la dotation.	Traitement pour tous les titres quelle que soit leur nature comptable.	Uniquement pour les titres de participation tels qu'ils sont définis par l'article 219 I-a *quinqies* du CGI.
Reprise sur dépréciation (compte 786)	PVLT donc déduction du résultat fiscal de la reprise.		

⚠ REMARQUE

Pour l'IS, les écarts d'évaluation à l'inventaire des titres d'OPCVM faisant l'objet d'un traitement spécifique, les dotations aux dépréciations concernant ce type de titres ne sont pas déductibles.

Fiscalement, pour l'IS, les dotations concernant des titres de participation de sociétés à prépondérance immobilière sont plafonnées aux gains latents qui seraient réalisés sur d'autres titres de même nature (titre de participation de société à prépondérance immobilière).

2 - PROVISIONS POUR RISQUES ET CHARGES

DÉFINITION SELON PLAN COMPTABLE

L'article 212-3 du PCG donne la définition suivante : « Une provision est un passif dont l'échéance ou le montant n'est pas fixé de façon précise. »
On procédera à l'analyse fiscale des provisions pour risques et charges qui ont effectivement fait l'objet d'une écriture comptable.

ANALYSE FISCALE

Par référence à l'article 39, une dotation aux provisions pour risques et charges qui portent sur une charge non déductible est elle-même non déductible. Il en va ainsi des provisions pour amendes, pénalités... elles font donc l'objet d'une réintégration extra-comptable.

L'article 39 prévoit aussi expressément la non-déductibilité de certaines provisions, comme les provisions pour départ à la retraite et pour licenciements pour motifs économiques[1].
Enfin, les provisions pour congés payés ont connu des évolutions dans les règles de déductibilité. Le calcul des congés payés ne correspondant à l'exercice civil, les provisions le concernant faisaient l'objet avant le 31/12/1987, d'une déductibilité décalée (réintégration de la provision de l'exercice clos et déduction de celle de l'exercice précédent). Depuis cette date, les provisions pour congés payés sont normalement déductibles et ne font l'objet d'aucun traitement fiscal spécifique. Toutefois, les entreprises existantes au moment du changement de règle ont pu sur option conserver l'ancien système.

Conclusion

Toute dépréciation ou provision pour risques et charges qui a fait l'objet d'une réintégration lors de sa dotation doit être déduite extra-comptablement (produit non-imposable) lors de sa reprise comptable.

(1) Pour les provisions pour perte de change, voir tableau p. 11, fiche 4, rubrique « charges financières ».

PROVISIONS POUR GRANDES RÉPARATIONS

1 - DÉFINITION

Ce sont des provisions constituées en prévision de réparations imposées par une obligation légale ou contractuelle.

2 - TRAITEMENT COMPTABLE ET CONSÉQUENCES FISCALES

MÉTHODE DES PROVISIONS POUR GROS ENTRETIEN OU GRANDES RÉVISIONS

C'est la méthode la plus ancienne comptablement. Elle est admise par l'administration fiscale.

■ *Exemple*

L'entreprise LEROY fait l'acquisition le 01/01/N d'un matériel d'une valeur de 3 000 € dont la durée totale d'utilisation prévue (= durée d'usage) est de 6 ans. Compte tenu des obligations de sécurité, elle doit procéder à des travaux de révision d'un coût prévu de 300 € après trois ans d'utilisation. La révision a été effectuée début janvier N + 3, et a été facturée 330 € HT à l'entreprise.

Les incidences sur les comptes de résultat et résultats fiscaux futurs sont résumées dans le tableau suivant :

Année	Dotations aux amortissements	Dotations aux provisions	Reprise sur provision	Charge de révision	Correction extra-comptable dans le résultat fiscal
N	500	100			Aucune correction
N + 1	500	100			Aucune correction
N + 2	500	100			Aucune correction
N + 3	500		300	330	Aucune correction
N + 4	500				Aucune correction
N + 5	500				Aucune correction

Méthode par les composants

Les travaux de révision sont considérés comme un composant qui vient en déduction de la valeur d'origine du bien. Cette méthode n'est pas admise par l'administration fiscale. Si l'entreprise utilise cette méthode, elle devra donc procéder à des corrections extra-comptables dans le résultat fiscal.

Si l'on reprend notre exemple :
La valeur « intrinsèque » du bien (la structure) sera de 3 000 – 300 = 2 700 € amortie sur 6 ans. Le composant sera amorti sur 3 ans.
Lors de la révision, ce composant sera sorti du bilan et remplacé par un nouveau composant de la valeur de la facture de révision, à nouveau amorti sur 3 ans.

Les incidences sur les comptes de résultat et résultats fiscaux futurs sont résumées dans le tableau suivant :

Année	Amortissement de la structure	Amortissement du composant révision	Corrections extra-comptables dans le résultat fiscal
N	450	100	La dotation aux amortissements fiscalement admise est de 500 € (voir le tableau précédent), il faut donc réintégrer : (450 + 100) – 500 = 50 €.
N + 1	450	100	Réintégration de 50 €.
N + 2	450	100	Réintégration de 50 €.
N + 3	450	110	La révision doit être considérée comme une charge, et donc déduite pour un montant de 330 €.

LA PARTICIPATION

1 - PRÉSENTATION

Participation	
Définition	Elle donne un droit au personnel sur les bénéfices réalisés.
Entreprises concernées	Système obligatoire pour les entreprises de 50 salariés.
Bénéficiaires	Tous les salariés (CDD, CDI) ayant au moins 3 mois d'ancienneté.
Montant	Au minimum le montant calculé à l'aide de la formule légale.
Blocage des fonds	5 ans, s'il existe un accord d'entreprise, 8 ans dans le cas contraire. Art. L442-12 du Code du travail. Placement des fonds au choix, sur des comptes courants dans l'entreprise, attribution d'actions de l'entreprise, Sicavs, FCP, plan d'épargne entreprise.
Avantages fiscaux	**Entreprise** : la réserve spéciale de participation est une charge déductible de l'assiette de l'impôt, après approbation de l'AGO. **Entreprise et salarié** : les sommes débloquées après 5 ans ne sont pas imposables. La participation est exonérée de cotisations sociales à l'exception de la CSG et de la CRDS.

2 - LA RÉSERVE SPÉCIALE DE PARTICIPATION : RSP

La formule légale de calcul : RSP = 1/2 (B – 5% C) × S/VA

B : bénéfice net	C : capitaux propres	S : salaires bruts	VA : valeur ajoutée
Bénéfice fiscal imposable au taux normal diminué de l'IS correspondant après imputation des avoirs fiscaux ou crédits d'impôts et augmenté de la dotation à la PPI.	– capital social appelé – réserves – primes liées au capital – report à nouveau – écart de réévaluation libre – provisions réglementées – provisions non déductibles sauf celles de l'exercice Exclusions : – écart de réévaluation légale – résultat de l'exercice – subvention d'investissement – amortissements dérogatoires	Total des salaires bruts annuels comptabilisés en compte 641 – Rémunérations dues au personnel	– résultat courant avant impôt – impôts et taxes – charges de personnel – charges financières – dotation aux amortissements, dépréciations et provisions sauf les dotations exceptionnelles

Aspects comptables et fiscaux de la RSP

Dates	Aspects comptables	Aspects fiscaux	Conséquences
Clôture N	Calcul et comptabilisation de la participation dans le compte 691 – Participation des salariés	Charge non déductible du résultat de l'entreprise.	Réintégration extra-comptable de la participation N.
Courant N + 1	Après approbation des comptes par l'AGO, déduction de la CSG et de la CRDS, placement des fonds nets.	La participation N devient une charge déductible.	Déduction extra-comptable de la participation N.
Courant N + 6	Remise des fonds à la disposition des salariés.	Remise faite en franchise d'impôt.	

3 - LA PROVISION POUR INVESTISSEMENT (PPI)

Les entreprises ayant signé un accord dérogatoire (attribuant une participation plus importante que le minimum légal) ou celles qui attribuent une participation volontaire, peuvent constituer une PPI déductible à condition que celle-ci serve à l'acquisition ou à la création d'une immobilisation dans les deux années qui suivent la dotation.

Détermination de la PPI

	Entreprise de 50 salariés et plus	Entreprise de moins de 50 salariés : participation volontaire
Calcul selon la formule de droit commun	Pas de provision. Simple respect des obligations légales.	Accords conclus avant le 21/02/2003 : 50 % de la RSP ; à partir du 21/02/2003 : 25 %.
Calcul selon une formule dérogatoire	50 % du supplément dérogatoire.	50 % de la fraction dérogatoire + 25 % de la RSP légale.

Aspects comptables et fiscaux de la PPI

Dates	Aspects comptables	Aspects fiscaux	Conséquences
Clôture N + 1	Comptabilisation de la PPI.	La provision est déductible.	Aucune.
31/12/N + 3	Si l'entreprise n'a pas réinvesti la PPI : reprise de la PPI.	La reprise est imposable.	Aucune.
31/12/N + 6	L'entreprise a réinvesti la PPI au plus tard courant N + 3. Reprise de la PPI.	La reprise est non imposable.	Elle est déduite du résultat fiscal.

Pour les exercices clos à partir du 17/08/2012, les entreprises autres que les SCOP ne peuvent plus déduire de provision pour investissement.

LES SPÉCIFICITÉS DU RÉSULTAT FISCAL À L'IS (1)

La détermination du résultat fiscal, comme le précise le Code général des impôts, reprend les mêmes règles que celles qui concernent les BIC sauf quelques points liés aux spécificités des sociétés.

1 - SPÉCIFICITÉS CONCERNANT LES PRODUITS

Les sociétés sont des personnes morales et ont donc la personnalité juridique. Il en résulte que l'ensemble des produits provenant de l'utilisation d'actifs inscrits au bilan sont imposables. Il n'y a donc aucun retraitement extra-comptable à pratiquer lors du calcul du résultat fiscal.
Il existe une exception pour les dividendes provenant de certaines filiales.

Conditions d'application (article 145 du CGI) :
- Les titres de participations doivent revêtir la forme nominative ou être déposés dans un établissement désigné par l'administration.
- Les titres de participation doivent représenter au moins 5 % du capital de la société émettrice. […]
- Les titres de participation doivent avoir été conservés pendant un délai de deux ans.

⚠ REMARQUE

Le non-respect du délai de conservation entraîne le remboursement de l'économie d'impôt réalisée et le paiement d'intérêts de retard.

	Comptabilisation	Imposabilité	Conséquences fiscales
Titres pouvant relever du régime société-mère et filiale	Dividendes inscrits en comptabilité dans le compte 761.	Sur option pour ce régime, les dividendes sont non imposables et on réintègre une quote-part pour frais et charges égale à 5 % du montant des dividendes perçus (évaluation forfaitaire des frais de gestion des titres qui deviennent non déductibles).	Corrections extra-comptables dans le résultat fiscal : – déductions des dividendes ; – réintégration d'une quote-part pour frais et charges égale à 5 % du montant des dividendes perçus.

2 - SPÉCIFICITÉS CONCERNANT LES CHARGES

Frais généraux

Sur les frais généraux, il n'existe pas de différences sur le fond par rapport aux BIC. Sur la forme, l'article 54 *quater* prévoit que « les entreprises sont tenues de fournir, à l'appui de la déclaration de leurs résultats de chaque exercice, le relevé détaillé des catégories de dépenses visées au 5 de l'article 39(1), lorsqu'elles dépassent un certain montant fixé par arrêté du ministre chargé de l'économie et des finances ».

Impôts

	Comptabilisation	Déductibilité	Conséquences fiscales
Taxe sur les véhicules de société	Inscrits en comptabilité dans le compte 635.	Cet impôt est non déductible pour les sociétés soumises à l'IS.	Il est à réintégrer extra-comptablement dans le résultat fiscal.
Contribution Sociale de Solidarité des Sociétés (C3S) Si CA > 19 millions	Inscrits en comptabilité dans le compte 635.	La déductibilité est décalée dans le temps.	Il faut réintégrer extra-comptablement dans le résultat fiscal de l'année la C3S de cette même année et déduire celui de l'année précédente.
Impôts sur les sociétés	Inscrits en comptabilité dans le compte 6951.	Cet impôt est non déductible pour les sociétés.	Il est à réintégrer extra-comptablement dans le résultat fiscal.
Autres impôts		Entièrement déductibles.	Aucune correction extra-comptable dans le résultat fiscal n'est à faire.

(1) Rémunérations du personnel les plus importantes, frais de voyage et de déplacement, cadeaux et frais de réception…

LES SPÉCIFICITÉS DU RÉSULTAT FISCAL À L'IS (2)

LES CHARGES DE PERSONNEL

Les rémunérations versées aux salariés de sociétés sont entièrement déductibles à condition qu'elles correspondent à un travail effectif et qu'elles ne soient pas excessives. Cela concerne même les dirigeants ainsi que leur conjoint. À ce niveau, se pose le même problème qu'au niveau des remboursements de frais avancés par le salarié dans le cadre de l'exercice de ses fonctions dans la société.

	Comptabilisation	Déductibilité	Conséquences fiscales
Remboursement au frais réel	Inscrits en comptabilité dans les comptes de charges concernés (61/62).	Entièrement déductibles.	Aucune correction extra-comptable dans le résultat fiscal n'est à faire.
Allocations pour frais d'emploi	Inscrits en comptabilité dans le compte 641.	Entièrement déductibles.	Aucune correction extra-comptable dans le résultat fiscal n'est à faire.
Cumul des deux méthodes		Le cumul n'est autorisé fiscalement que pour les dirigeants de société anonyme et les gérants minoritaires de SARL.	Lorsque le cumul n'est pas autorisé fiscalement, il faut réintégrer extra-comptablement dans le résultat fiscal l'allocation forfaitaire pour frais d'emploi.

RÉMUNÉRATION DE PARTICIPATION AU CONSEIL D'ADMINISTRATION OU AU CONSEIL DE SURVEILLANCE

Ils viennent rémunérer les administrateurs ou les membres du conseil de surveillance pour leur participation aux conseils d'administrations ou aux conseils de surveillance.

	Comptabilisation	Déductibilité	Conséquences fiscales
Rémunérations	Inscrits en comptabilité dans le compte 653.	Leur déductibilité est plafonnée. Le plafond est calculé en fonction du tableau présenté en p. 23.	Il est à réintégrer extra-comptablement dans le résultat fiscal, la partie qui dépasse le plafond, soit : Rémunérations versées versés – plafond fiscal.

	Formule du plafond de déductibilité
Entreprises de moins de 5 salariés	= 457 € × nombre d'administrateurs
Entreprises entre 5 et 200 salariés	= 5 % × moyenne annuelle des cinq meilleures rémunérations brutes × nombre d'administrateurs
Entreprises de plus de 200 salariés	= 5 % × moyenne annuelle des dix meilleures rémunérations brutes × nombre d'administrateurs

⚠ ***REMARQUE***

Si un administrateur a quitté l'entreprise en cours d'exercice, il faut tenir compte d'un *prorata temporis*.

Intérêts de comptes courants d'associés

Il s'agit d'intérêts perçus par des associés ou des actionnaires pour des sommes laissées temporairement à la disposition de la société.

	Comptabilisation	Déductibilité	Conséquences fiscales
Intérêts de comptes courants d'associés	Inscrits en comptabilité dans le compte 661.	La déductibilité des intérêts de comptes courants d'associés est plafonnée. Le plafond est égal à : somme investie × taux légal fixé trimestriellement par l'administration fiscale.	Il est à réintégrer extra-comptablement dans le résultat fiscal, la partie qui dépasse le plafond, soit intérêts versés – plafond fiscal.

⚠ ***REMARQUES***

- Si le capital social n'est pas entièrement libéré, les intérêts de comptes courants d'associés ne sont pas déductibles et doivent être entièrement réintégrés.
- Si la somme n'a été déposée que pendant une partie de l'exercice, il faudra tenir compte d'un *prorata temporis*.

Charges financières

À compter des exercices clos au 31/12/2012, les sociétés doivent réintégrer 15 % du montant des charges financières nettes (charges financières – produits financiers) si leur montant dépasse 3 millions d'euros ou 30 % de « l'EBITDA fiscal » si ce dernier montant est plus élevé.

LE CALCUL DES PLUS- OU MOINS-VALUES PROFESSIONNELLES

Par dérogation aux dispositions de l'article 38 de CGI, les plus-values provenant de la cession d'éléments de l'actif immobilisé sont soumises à des régimes distincts suivant qu'elles sont réalisées à court ou à long terme (art. 39 *duodécies* CGI).

1 - CHAMP D'APPLICATION DES PLUS- OU MOINS- VALUES PROFESSIONNELLES

• Le régime des plus- ou moins-values professionnelles s'applique aux éléments de l'actif immobilisé qui font l'objet d'une cession ou qui sont affectés par un événement qui les fait sortir de l'actif du bilan : mise au rebut, apport en société, donation, cessation d'activité, expropriation…

• Le régime des plus- ou moins-values ne s'applique qu'aux plus- et moins-values réalisées.

• Le régime s'applique également aux dotations et reprises sur dépréciations des titres.
Le régime des plus- ou moins-value professionnelles concerne principalement les entreprises soumises à l'impôt sur le revenu dans la catégorie des BIC.
Les petites entreprises qui exercent leur activité depuis au moins 5 ans bénéficient d'une exonération totale ou partielle si leurs chiffres d'affaires HT ne dépassent pas les limites ci-après :

Entreprises de négoce de marchandises, objets, fournitures et denrées à emporter ou consommer sur place, ou de fourniture de logement	Entreprises prestataires de services	Taux d'exonération
CA HT ≤ 250 000 €	CA HT ≤ 90 000 €	100 %
250 000 € < CA HT < 350 000 €	90 000 € < CA HT < 126 000 €	350 000 – recettes/100 000 126 000 – recettes/36 000
CA HT ≥ 350 000 €	CA HT ≥ 126 000 €	0 %

Le régime des plus- ou moins-values s'applique aux entreprises soumises à l'IS quel que soit le montant du chiffre d'affaires.

2 - CALCUL DES PLUS- OU MOINS-VALUES PROFESSIONNELLES

La plus- ou moins-value = prix de cession – valeur nette fiscale du bien cédé

ÉVALUATION DU PRIX DE CESSION

Vente	Prix net de cession
Mise au rebut	Valeur nulle
Expropriation ou sinistre	Montant de l'indemnité
Apport en société	Valeur des titres obtenus en contrepartie
Donation	Valeur vénale du bien à la date de cession

ÉVALUATION DE LA VALEUR NETTE FISCALE

Bien amortissable	Bien non amortissable
Coût d'acquisition de l'immobilisation – amortissements pratiqués[1] – complément de déduction de TVA + reversement de TVA	Coût d'acquisition de l'immobilisation

(1) Dotations comptables et dotations dérogatoires. Les amortissements non déductibles sur les biens somptuaires ou les véhicules de tourisme. Les amortissements différés en contravention de l'article 39 B.

FICHE 12 LA QUALIFICATION FISCALE DES PLUS- ET MOINS-VALUES PROFESSIONNELLES

Le régime des plus- ou moins-values s'applique aux entreprises et sociétés de personnes relevant des BIC et aux sociétés soumises à l'IS mais de façon différente.

1 - LE CHAMP D'APPLICATION DU RÉGIME DES PLUS- OU MOINS-VALUES PROFESSIONNELLES

Immobilisation cédée	Entreprise soumises aux BIC	Entreprises soumises à l'IS
Immobilisations corporelles : comptes 21 Fonds commercial : compte 207, logiciels	Oui	Oui
Titres de participation : compte 261 Titres immobilisés : comptes 271, 272, 273 VMP : compte 503	Oui pour : – les titres de participation – les titres immobilisés – les valeurs mobilières de placement – les dotations aux dépréciations et reprises sur dépréciations « 686, 786 »	Oui mais **seulement** pour : – les titres de participation – les dotations aux dépréciations et reprises sur dépréciations « 686, 786 » se rapportant aux titres de participation
Concession et cession de brevets	Oui	Oui

2 - LA QUALIFICATION FISCALE DE LA PLUS- OU MOINS-VALUE PROFESSIONNELLE

Dans les entreprises relevant de l'impôt sur le revenu (BIC), la qualification de la plus- ou moins-value dépend de la nature du bien et de sa durée de détention. Pour les entreprises relevant du régime de l'impôt sur les sociétés, le principe est que les plus- ou moins-values sont à court terme quelles que soient la nature du bien et sa durée de détention, sauf quelques exceptions.

Immobilisation cédée	Entreprises soumises aux BIC	Entreprises soumises à l'IS
Immobilisations corporelles[2] Fonds commercial, logiciels	Voir tableau[1]	Toujours à court terme.
Titres de participation Titres immobilisés VMP	Titres détenus depuis **moins de 2 ans : hors champ d'application**. Titres détenus depuis **plus de 2 ans** : +/– value à **long terme**. Cession de titres du même nom détenus pour partie depuis **plus de 2 ans** et pour partie depuis **moins de 2 ans** : +/– value à long terme pour ceux détenus plus de 2 ans et à court terme pour ceux détenus depuis moins de 2 ans. Les dotations aux dépréciations sont des MVLT. Les reprises sur dépréciations sont des PVLT.	Même raisonnement, mais uniquement pour les titres de participation, les autres titres sont exclus du champ d'application.
Concession et cession de brevets	La loi de finances 2019 a mis en place un nouveau régime optionnel qui prévoit une imposition à 10 % de ce type de revenus. Pour déterminer l'assiette d'imposition, il faut suivre trois étapes : **déterminer** le résultat net c'est-à-dire les revenus bruts de l'exercice minorés des dépenses de R et D liées à l'actif pendant la même période, **calculer** le ratio nexus qui correspond au rapport entre les dépenses éligibles (R et D) et les dépenses totales (R et D et acquisition), puis **appliquer** ce ratio au résultat trouvé à la première étape.	

(1) Tableau de qualification des plus- ou moins-values aux BIC (régime de droit commun) :

	Délai de détention < 2 ans		Délai de détention > 2 ans	
	Plus-value	Moins-value	Plus-value	Moins-value
Biens non amortissables	Court terme	Court terme	Long terme	Long terme
Biens amortissables	Court terme	Court terme	Court terme à hauteur des amortissements déduits Long terme pour le complément	Court terme

Le délai de détention de deux ans est décompté au jour le jour.

(2) En cas d'immobilisation corporelle comptabilisée selon la méthode par composants :

– si un composant est cédé seul : le délai de détention est décompté depuis la date d'acquisition du composant ;

– si un composant est cédé en même temps que la structure : le délai de détention est décompté à partir de la date d'acquisition de l'ensemble de la structure et des composants.

R et D : recherche et développement.

FICHE 13 LE TRAITEMENT FISCAL DES PLUS- OU MOINS-VALUES

Il s'agit de voir comment les plus- ou moins-values sont traitées dans le résultat fiscal.

1 - LA DÉTERMINATION DES PLUS- OU MOINS-VALUES NETTES

L'imposition des plus- ou moins-values professionnelles d'un exercice donné se fait sur le montant des plus- ou moins-values nettes à long terme d'une part et sur le montant des plus- ou moins-values nettes à court terme d'autre part.

Total des plus-values à long terme – Total des moins-values à long terme	Total des plus-values à court terme – Total des moins-values à court terme
= Plus- ou Moins-Value Nette à Long Terme PVNLT si PVLT > MVLT MVNLT si PVLT < MVLT	= Plus- ou Moins-Value Nette à Court Terme PVNCT si PVCT > MVCT MVNCT si PVCT < MVCT

2 - LES PLUS- OU MOINS-VALUES NETTES À COURT TERME

	BIC	IS
Plus-values nettes à court terme (PVNCT)	Imposable aux taux des BIC, aucune correction extra-comptable n'est donc nécessaire. Sur option, l'entreprise peut demander un étalement de l'imposition sur trois ans. Il faut donc : – déduire 2/3 de la PVNCT lors du calcul du résultat fiscal de l'année où elles ont été constatées ; – intégrer 1/3 sur les résultats fiscaux des deux années suivantes.	Imposable aux taux de l'IS, aucune correction extra-comptable dans le résultat fiscal n'est donc nécessaire. Aucun étalement n'est possible.
Moins-values nettes à court terme (MVNCT)	Elles sont déductibles, aucune correction extra-comptable dans le résultat fiscal n'est donc nécessaire.	Même traitement.

3 - LES PLUS- OU MOINS-VALUES NETTES À LONG TERME

	BIC	IS
Plus-values nettes à long terme (PVNLT)	Imposable à un taux spécifique de 12,80 %. Elles ne peuvent donc rester dans le résultat fiscal, elles sont donc déduites extra-comptablement.	Revenus nets de concessions de brevets et cessions de brevets (depuis le 26/09/2007) : 15 %. Titres de participation : – titres ordinaires 0 % après réintégration d'une quote-part de 12 % du montant brut de la plus-value de cession dans le bénéfice imposable ; – la cession de parts de fonds communs de placement à risque (FCPR), fonds professionnel de capital investissement (FPCI) et d'actions de société de capital-risque (SCR) détenus depuis au moins 5 ans : 15 % ; – titres à prépondérance immobilière cotés : 19 %. **Cession de local professionnel en vue d'une transformation en logement : 19 %.** Elles ne peuvent donc rester dans le résultat fiscal, elles sont donc déduites extra-comptablement.
Moins-values nettes à long terme (MVNLT)	Elles sont réintégrées dans le résultat fiscal de l'année où elles ont été constatées. On pourra les imputer sur la base imposable (c'est-à-dire les PVNLT réalisées) des dix exercices futurs lors du calcul de l'impôt.	Même traitement.

⚠ REMARQUE

Les entreprises doivent déterminer de manière séparée le montant des plus- et moins-values à long terme par taux d'imposition. Il en va de même pour les imputations futures des moins-values nettes à long terme.

Le résultat net de la propriété industrielle, s'il est positif, est déduit extra-comptablement du résultat fiscal pour être soumis au taux de 10 %. Il peut aussi, sur décision de gestion de l'entreprise, servir à compenser le déficit fiscal de l'exercice.

S'il est négatif, il est imputable sur les résultats nets des exercices suivants.

FICHE 14 PRÉSENTATION GÉNÉRALE DE L'IMPÔT SUR LE REVENU

Art. 1 A du CGI : « Il est établi un impôt annuel unique sur le revenu des personnes physiques désigné sous le nom d'impôt sur le revenu. Cet impôt frappe le revenu net global du contribuable déterminé conformément aux dispositions des articles 156 à 168. »

1 - LES CATÉGORIES DE REVENUS IMPOSÉS À L'IMPÔT SUR LE REVENU

Traitements, salaires, indemnités, émoluments, pensions et rentes viagères : **TS**	Entrent dans cette catégorie : – les rémunérations versées à une personne placée dans un état de subordination par son employeur ; – les rémunérations réputées faire partie de cette catégorie par la loi fiscale : rémunérations des dirigeants de sociétés de capitaux, des gérants minoritaires des SARL, des agents d'assurance, indemnités de chômage…
Bénéfices industriels et commerciaux : **BIC**	Il s'agit des revenus tirés d'une activité indépendante ayant une nature soit industrielle soit commerciale ou artisanale. Sont concernées les bénéfices des entreprises individuelles et des sociétés de personnes.
Bénéfices non commerciaux : **BNC**	Il s'agit des revenus tirés d'une activité libérale. On indique aussi dans cette catégorie les revenus qui n'ont pu être placés ailleurs.
Bénéfices de l'exploitation agricole : **BA**	On indique dans cette catégorie tous les revenus tirés d'une activité individuelle de biens ruraux (exploitation agricole, élevage…).
Rémunérations des dirigeants de sociétés : **DS**	Cette catégorie concerne les revenus des dirigeants qui ne peuvent être considérés comme des salariés car ils possèdent une part prépondérante de l'entreprise. Ex. : les gérants majoritaires de SARL.
Revenus fonciers : **RF**	Ce sont les revenus tirés de la location d'un bien immobilier par un propriétaire dans le cadre d'une gestion privée.
Revenus de capitaux mobiliers : **RCM**	Il s'agit des produits de valeurs mobilières ou autres placements détenus à titre privé par les personnes physiques (dividendes d'actions, revenus de parts sociales, revenus d'obligations, revenus de Sicav et FCP).
Plus-values de cession : **PV**	Elles sont réalisées lors des cessions de valeurs mobilières, d'immeubles, de biens meubles par les particuliers.

2 - LE REVENU IMPOSABLE

C'est l'ensemble des **revenus du foyer fiscal** (voir fiche 15).
Il est le résultat de l'addition des **revenus nets** de chaque catégorie de revenu.

TS BIC BNC BA DS RF	RCM	PV sur valeur mobilières	PV immobilières
La somme de ces revenus constitue le revenu brut global (RBG) sousmis au barême progressif. REVENU BRUT GLOBAL (RBG) – déficit antérieur – charges déductibles du RBG (pensions alimentaires par exemple) = REVENU NET GLOBAL (RNG) – abattements = REVENU NET IMPOSABLE (RNI)	Imposable au prélèvement forfaitaire unique (PFU) à 30 % (12,8 % au titre de l'IR et 17,2 % au titre des prélèvements sociaux). L'option pour le barème progressif est possible.		Imposable au taux de 19 % prélevé par le notaire qui rédige l'acte authentique.

L'impôt est ensuite calculé à l'aide d'un barème progressif.
L'impôt à payer est le résultat de ce calcul déduction faite d'éventuelles réductions comme les dons aux œuvres d'utilité publique, cotisations syndicales, emploi d'un salarié à domicile…

Une étude exhaustive n'étant pas possible dans cet ouvrage, on se concentrera, en plus des BIC, sur les TS et les RM (voir fiche 16).

TERRITORIALITÉ ET FOYER FISCAL

1 - CHAMP D'APPLICATION DE L'IR

Personnes imposables	• Personnes physiques qui ont leur domicile fiscal en France sur l'ensemble de leurs revenus. • Personnes physiques dont le domicile fiscal est situé hors de France pour leurs revenus de source française. • Il existe des exceptions en fonction des accords internationaux, de l'âge, ou des montants.
Domicile fiscal en France* si : * La France comprend les départements métropolitains, la Corse et les îles du littoral, les départements d'outre-mer.	• La France est le lieu de résidence habituelle du contribuable ou de sa famille. • La France est le lieu de séjour principal, c'est-à-dire si le contribuable y réside plus de 183 jours par an. • La France est le lieu des activités professionnelles à titre principal. • La France est le centre des intérêts économiques du contribuable.
Revenus de source française	En principe, les revenus venant de France tels que les droits d'auteur, les loyers… sont imposés en France même s'ils sont perçus par des personnes non domiciliées en France. Il existe cependant des conventions fiscales avec un certain nombre de pays.

À compter de l'imposition des revenus 2019, les dirigeants d'entreprises ayant leur siège social en France et réalisant au moins 250 millions d'euros de chiffre d'affaires sont considérés, en droit interne, comme domiciliés en France.

2 - RÈGLES D'IMPOSITION À L'IR

Art 6. CGI : « Chaque contribuable est imposable à l'impôt sur le revenu, tant en raison de ses bénéfices et revenus personnels que de ceux de ses enfants et des personnes considérés comme étant à sa charge au sens des articles 196 et 196 A bis. »
Le revenu imposable est le revenu global net et annuel d'un foyer fiscal.

Composition du foyer fiscal

- Le contribuable et son conjoint marié.
- Les enfants mineurs célibataires.
- Les enfants infirmes.

• Les enfants majeurs âgés de moins de 21 ans ou de moins de 25 ans s'ils sont étudiants et sur leur demande. L'âge à prendre en compte est celui de l'enfant au 1er janvier.
• Les personnes invalides vivant avec le contribuable.
• Les partenaires liés par un pacte civil de solidarité défini à l'article 515-1 du Code civil.
• Cas particuliers

Contribuables mariés et partenaires pacsés	
Année du mariage ou année du pacte	Principe : une seule déclaration commune pour l'année. Option possible pour le dépôt de deux déclarations séparées.
En cas de séparation	Deux déclarations distinctes.
En cas de décès	Deux déclarations doivent être établies : – une déclaration au nom des conjoints pour les revenus acquis à la date du décès ; – une déclaration par le conjoint survivant pour les revenus disponibles après la date du décès.
Les enfants	
Enfant mineur	Rattachement d'office au foyer fiscal de ses parents si l'enfant a moins de 18 ans au 1er janvier de l'année d'imposition.
Enfant majeur	• Les enfants de moins de 21 ans. • Les enfants de moins de 25 ans qui poursuivent des études. • Les enfants atteints d'une infirmité sans limite d'âge peuvent demander leur rattachement au foyer fiscal auquel ils appartenaient avant leur majorité, si le contribuable auquel ils se rattachent accepte et inclut dans son revenu imposable les revenus perçus par l'enfant majeur.

Intérêt du rattachement

Le nombre de parts du foyer fiscal est calculé en fonction de sa composition. Il est, dans certains cas, plus intéressant de ne pas rattacher un enfant au foyer parental, qu'il soit mineur ou majeur, mais de déclarer un montant de pension versée d'un montant maximum de 6 042 € avec justificatifs et 3 592 € sans justificatifs s'il réside sous le même toit.
La pension est déductible du revenu imposable. L'enfant doit alors établir sa propre déclaration de revenus et déclarer le montant de la pension.

LE REVENU BRUT GLOBAL

Le revenu brut global est l'addition des revenus nets catégoriels (voir fiche 14). L'objectif n'est pas de faire ici une étude exhaustive, mais d'étudier les catégories de revenus qui présentent un intérêt pour les entreprises qui sont soumises à l'IR ou les dirigeants d'entreprise : traitements et salaires, revenus mobiliers, BIC. Les revenus de la catégorie des BIC ont déjà fait l'objet d'études approfondies (voir fiches 3 et 4). Le résultat imposable doit être multiplié par le coefficient de 1,25 (loi de finances 2006) à moins d'être adhérent d'un centre de gestion agréé.

1 - CATÉGORIE DES TRAITEMENTS ET SALAIRES

Les traitements et salaires sont les rémunérations perçues au titre d'une activité salariée. Il existe une activité salariée dès qu'une personne est liée à une autre par un contrat de travail ou par un lien de subordination et qu'en échange de son travail elle reçoit une rémunération.

TS imposables	TS non imposables
Salaires : salariés du privé. **Traitements** : fonctionnaires ou agents publics. Dans les deux cas, les salaires et traitements comprennent les primes et gratifications, les avantages en nature mais excluent les cotisations sociales à la charge du salarié à l'exception de la part de CSG non déductible (2,40 %) et de la CRDS (0,50%). Le montant à déclarer est le total des salaires imposables de l'année se trouvant sur les bulletins de salaire. **Les heures supplémentaires** pour la partie > 5 000 €. **Les allocations de chômage.** **Les pensions et retraites.** **Les indemnités journalières complémentaires** versées par l'employeur en cas de maladie professionnelle ou d'accident du travail. **La part patronale** de la complémentaire santé versée au profit du salarié.	**Les indemnités journalières d'accident du travail** ou de maladie professionnelle versées par la Sécurité sociale. **La participation aux bénéfices** s'il y a blocage des fonds pendant au moins 5 ans. **L'intéressement** sous conditions : – versement sur PEE et blocage durant 5 ans ; – montant par salarié < ou = 50 % du plafond annuel de la Sécurité sociale ; – montant total < ou = 20% du total des salaires bruts. **Le salaire des apprentis** sous contrat dans la limite d'un SMIC annuel. **Les indemnités de stage et les rémunérations perçues par les étudiants** de moins de 26 ans, dans la limite de 3 fois le SMIC mensuel. **Les heures supplémentaires** pour la partie < 5 000 € par an. Attention, existence d'aménagements temporaires en raison de la crise sanitaire. **Pourboires** perçus en 2022 et 2023 sous conditions. **L'indemnité légale de licenciement** égale à 1/10e de mois par année de service. **L'indemnité de licenciement** versée en vertu d'une convention collective de branche ou d'un accord professionnel ainsi que toute indemnité ayant pour but de réparer un préjudice autre que la perte de salaire. **Les indemnités de licenciement, départ volontaire, démission, départ en retraite**, versées dans le cadre d'un plan social, imposables dans les autres cas.

Le montant annuel des TS déterminé, les frais occasionnés par la fonction sont déduits :

Déduction forfaitaire des frais professionnels	Déduction des frais réels (option)
10 % du montant des TS : minimum 448 € et maximum 12 829 € retraites : 400 € minimum, plafonnés à 3 912 par foyer fiscal	Tous les frais déduits doivent pourvoir être justifiés. Exemple : frais de transport… Dans cette éventualité, les allocations pour frais d'emploi perçues doivent être ajoutées aux traitements et salaires.

⚠ **REMARQUE**

• Le prélèvement à la source est appliqué sur le salaire avant déduction de l'abattement de 10 % pour les frais professionnels.

2 - LES REVENUS ET GAINS DU CAPITAL

La loi de finances 2018 prévoit de soumettre à partir du 1er janvier 2018 les revenus et gains de capital à un prélèvement forfaitaire unique (PFU) de 12,8 % pour l'IR (en l'occurrence l'IR 2019) auquel s'ajoute 17,2% de prélèvements sociaux portant ainsi l'imposition globale à 30 %.

Ce prélèvement forfaitaire unique concerne les revenus suivants :

– les gains de cessions de valeurs mobilières et droit sociaux des particuliers. L'abattement fixe de 500 000 € sur les plus-values lors d'un départ à la retraite d'un dirigeant continue à s'appliquer ;

– l'ensemble des revenus des capitaux mobiliers (intérêts et revenus distribués), toutefois les revenus perçus dans le cadre d'un PEA ou d'un PEA-PME sont toujours exonérés.

Par dérogation, les contribuables pourront exercer une option expresse, valable pour l'année en cours et globale pour une imposition au barème progressif. Dans le cadre de cette option, l'abattement de 40 % sur les dividendes restera en vigueur et pour les plus-values, les anciens abattements pour durée de détention (50 % et 65 %) sont maintenus pour les titres acquis avant le 01/01/2018.

Tous les revenus de capitaux mobiliers feront l'objet d'un prélèvement forfaitaire obligatoire (PFO) de 12,8% pour l'IR et 17,2% de prélèvements sociaux, opéré par l'établissement payeur à titre non libératoire. Ce prélèvement constitue un crédit d'impôt pour le contribuable.

⚠ **REMARQUE**

• Seuls sont exonérés d'impôts et de prélèvements sociaux le livret A, le livret jeune et le LDD.

DU REVENU NET GLOBAL À L'IR BRUT

1 - LE REVENU NET GLOBAL

Revenu net global = revenu brut global (= somme des revenus nets catégoriels)
– charges déductibles du revenu

Exemples de charges déductibles du revenu

– pension alimentaire versée à un ascendant dans le besoin ou pension alimentaire versée à un descendant dans le besoin (plafonnée - voir **fiche 15**) ou en vertu d'une décision de justice ;
– part déductible de la CSG payée sur des revenus du patrimoine l'année précédente (5,1 % déductibles en 2017, 6,8 % à partir du 01/01/2018, perçus par voie de rôle ou par l'organisme payeur suivant la nature de l'imposition) ;
– certains déficits catégoriels, notamment résultant des BIC, sont déductibles du revenu global imposable de l'année. Si celui-ci est insuffisant, le reliquat, appelé déficit global, peut être déduit du revenu global imposable des six années suivantes.

Des renseignements supplémentaires sont disponibles en utilisant la feuille de simulation de calcul d'impôt de l'administration fiscale disponible à l'adresse Internet suivante : www3.finances.gouv.fr/calcul_impot/2015/complet/index.htm (se reporter aux cadres concernés, « charges et imputations diverses », et cliquer sur les points d'interrogation pour avoir des précisions).

2 - CALCUL DE L'IMPÔT SUR LE REVENU BRUT

Quotient familial (QF) = revenu net global (R) / nombre de parts (N)

Le nombre de parts est déterminé à partir du tableau ci-dessous :

Charges de famille / Situation de famille	Aucune personne à charge		Nombre de personnes à charge										
	Cas général	Cas particulier	1	2	3	4	5	6	7	8	9	10	
Mariés ou liés par un PACS	2	»	2,5	3	4	5	6	7	8	9	10	11	*
Veuf(ve)	1	1,5	1,5	2	3	4	5	6	7	8	9	10	
Célibataire Divorcé(e)	1	1,5	1,5	2	3	4	5	6	7	8	9	10	

* Et ainsi de suite en ajoutant une part.

Après avoir calculé le quotient familial, l'IR brut est ensuite déterminé à l'aide du tableau suivant.

– Sur les revenus 2022 : Revalorisation des limites de tranche de 1, 40 %

Barème de l'impôt pour une part de quotient familial		Formule de calcul direct de l'impôt brut
N'excédant pas 10 225 €	0 %	0
De 10 225 € à 26 070 €	11 %	(R × 0,11) – (1 124,75 × N)
De 26 070 € à 74 545 €	30 %	(R × 0,30) – (6 078,05 × N)
De 74 545 € à 160 336 €	41 %	(R × 0,41) – (14 278,00 × N)
Au-delà de 160 336 €	45 %	(R × 0,45) – (20 691,44 × N)

■ ***Exemple***

Un couple marié sans enfant qui dispose d'un revenu net global de 46 300 € a droit à deux parts : QF = 46 300 / 2 = 23 150 €.

⚠ ***REMARQUES***

• Les plus-values de cession immobilière sont exonérées pour l'habitation principale. Pour les autres, application d'un taux proportionnel de 19 % et bénéfice d'une exonération progressive à partir de la 5e année de détention pour aboutir à une exonération totale au bout de 22 ans.

• Plafonnement du quotient familial : l'avantage fiscal résultant de l'application du quotient familial est limité pour les revenus les plus élevés. Pour les revenus de 2021, l'avantage lié à la demi-part supplémentaire est limité à 1 592 € (soit 796 € pour chaque quart de part additionnel).

Avantage fiscal = IR brut du foyer fiscal – IR brut calculé sans les personnes à charge.

Dans la plupart des cas, cet avantage fiscal ne doit pas dépasser le plafond (= 1 592 × nombre de demi-parts supplémentaires liées aux personnes à charge).

LE CALCUL DE L'IR NET ET LE RECOUVREMENT

1 - CALCUL DE L'IR NET

Impôt sur le revenu net = impôt sur le revenu brut – décote – allégement de l'impôt brut – réductions d'impôt – crédits d'impôt

La décote pour faibles ressources sur les revenus 2020

Pour l'IR 2022 (revenus 2021), les contribuables ont droit à la décote si leur IR brut est inférieur à 1 745 € pour un célibataire ou 2 888 € pour un couple. La décote est calculée de la façon suivante : 790 – 45,25 % de l'impôt brut pour un célibataire 1 307 – 45,25 % de l'impôt brut pour un couple.

La réduction d'impôt et le crédit d'impôt

- Réduction d'impôt : les enfants scolarisés à charge donnent droit à une réduction d'impôt selon qu'ils sont collégiens, lycéens ou étudiants.
- Crédit d'impôt : il s'agit de créances sur l'État. Elles sont remboursées au contribuable si l'impôt devient négatif. La liste exhaustive se trouve sur le site gouvernemental suivant : https://www.impots.gouv.fr/portail/particulier/je-declare-mes-reductions-et-credits-dimpot.

Exemple

- Crédit d'impôt pour frais de garde d'enfant de moins de 6 ans hors du domicile : le crédit est égal à 50% des sommes dépensées dans la limite de 2 300 € par enfant. Attention, il existe un plafond de 12 000 € plus 1 500 € par enfant à charge ou par membre du foyer fiscal âgé de plus de 65 ans, sans toutefois pouvoir dépasser un total de 15 000 €.
- Les lois de finances successives instituent un plafonnement global des avantages fiscaux. La loi de finances 2018 limite les avantages à une réduction de 10 000 € ou 18 000 € en présence de réduction d'impôt pour investissement en outre-mer et souscription au capital de SOFICA. Le contribuable peut bénéficier d'un supplément de 3 000 € en cas de souscription au capital d'une entreprise solidaire.
- Depuis la mise en place du PAS, les contribuables qui bénéficient d'un crédit d'impôt pour garde de jeunes enfants et/ou l'emploi d'un salarié à domicile, se voient verser un acompte de 60 % du montant des avantages perçus antérieurement. La loi de finances 2022 prévoit la mise en place progressive, à partir du 01/01/2022, d'un versement de crédit d'impôt en temps réel pour les particuliers-employeurs.

2 - LE RECOUVREMENT

Le 1er janvier 2019, est entré en vigueur le prélèvement à la source pour une partie des contribuables. Les objectifs de ce changement sont : une meilleure adaptation aux changements dans la vie personnelle et professionnelle des contribuables, la possibilité de tenir compte immédiatement des événements exceptionnels, de répartir l'impôt sur 12 mois et enfin, de supprimer le décalage d'un an entre la collecte des revenus et le paiement de l'impôt sur le revenu. Pour les personnes qui perçoivent des revenus sous forme de salaires, de traitements, de retraites, le prélèvement est réalisé par les employeurs et les caisses de retraite à l'aide du taux d'imposition qui leur aura été fourni ou en appliquant un taux non personnalisé dans le cas contraire. Pour les indépendants, les bailleurs et les revenus fonciers, l'imposition des revenus de l'année en cours se fera sous forme d'acomptes calculés par l'administration fiscale.

<table>
<tr><th colspan="3">Année de perception des revenus (N)</th></tr>
<tr><th colspan="2">Prélèvement à la source
(taux commun, différencié, neutre)</th><th rowspan="2">Exclu du prélèvement
à la source</th></tr>
<tr><th>Retenue à la source</th><th>Acompte obligatoire</th></tr>
<tr><td>Prélèvement par l'employeur ou caisses de retraites</td><td>Paiement direct par le contribuable (prélèvement mensuel ou trimestriel par la DGFiP sur le compte bancaire)</td><td></td></tr>
<tr><td>Traitements et salaires (assiette : salaire imposable du mois)</td><td>Bénéfices professionnels, revenus fonciers, article 62 CGI. (assiette : revenus N–1)</td><td>Revenus mobiliers, => PFNL ou PFO
PV sur valeurs mobilières => pas d'acompte
PV immobilières => à la vente par le notaire</td></tr>
<tr><th colspan="3">Année de déclaration des revenus (N+1)</th></tr>
<tr><td colspan="3">La déclaration annuelle reste obligatoire. Elle est réalisée avant la fin du mois de mai.
La déclaration électronique est obligatoire depuis l'IR 2019 (revenus 2018).
L'avis d'imposition est réceptionné en septembre-octobre :
– calcul du solde : IR net – PAS (rappel : PFNL ou PFO : crédit d'impôt) ;
– règlement du solde : à partir du 01/01/19, paiement dématérialisé à partir de 300 €.
Remarque importante : les versements réalisés (RAS et acompte obligatoire) en 2020 seront pris en compte sur l'avis d'imposition 2021 (revenus 2020). Il est reçu au mois d'août – septembre et entraîne le calcul d'un nouveau taux de PAS et la réactualisation des assiettes pour les acomptes.</td></tr>
</table>

(1) Le taux de PAS est révisé en septembre par l'administration fiscale.

Les autres revenus du type bénéfices professionnels et revenus fonciers font l'objet d'acomptes obligatoires.

FICHE 19
LIQUIDATION DE L'IMPÔT SUR LES SOCIÉTÉS (1)

1 - LA DÉTERMINATION DE LA BASE IMPOSABLE

L'assiette de l'IS se détermine de la façon suivante :

Base imposable = bénéfice fiscal de l'exercice – déficits fiscaux résultants d'exercices précédents et reportés en avant

Les déficits fiscaux constatés à la fin d'un exercice sont reportables sans limite de temps sur les bénéfices fiscaux futurs mais peuvent être plafonnés (voir fiche 21).

2 - LE CALCUL DE L'IMPÔT SUR LES SOCIÉTÉS (IS)

Calcul de l'IS

IS au taux normal : bénéfice fiscal après imputation des déficits antérieurs × taux normal

+ **IS au taux réduit** : PVNLT après imputation des MVNLT antérieures × 0 %

= **IS brut**

On détermine ensuite l'IS net :

IS net = **IS brut** – **réductions** (exemple : pour dons aux associations ou mécénat – art. 238 bis du CGI) ou **crédits d'impôts** (exemples : crédit d'impôt recherche, en faveur de la formation professionnelle…)

Calcul de la contribution sociale

Il existe une contribution sociale qui s'applique aux entreprises qui remplissent une des conditions suivantes :
– CA HT > 10 000 000 € ;
– capital détenu pour au moins 25% par des personnes morales.

Contribution sociale = **(IS brut – 763 000) × 3,3%**

La loi de finances 2018 prévoiyait l'abaissement du taux de l'IS à 25 % à l'horizon 2022. La loi de finances 2022 réalise cet objectif.

Traitement comptable et fiscal de l'IS et de la contribution

	Traitement comptable	Traitement fiscal	Correction extra-comptable
IS net	Comptabilisé en « 6951 – Impôts dus en France »	Charge non déductible	Réintégration dans le résultat fiscal de l'exercice
Contribution sociale	Comptabilisé en « 6952 – Contribution additionnelle à l'impôt sur les sociétés »	Charge non déductible	Réintégration dans le résultat fiscal de l'exercice

LIQUIDATION DE L'IMPÔT SUR LES SOCIÉTÉS (2)

Acomptes et calcul du solde d'IS

La date de déclaration est fonction de la date de clôture des comptes de la société. Pour les entreprises qui clôturent au 31/12, le solde de liquidation est déclaré et versé le 2e jour ouvré suivant le 1er mai avec délai de 15 jours si télédéclaration. Pour une société qui clôt son exercice au 31 décembre, les opérations suivent le calendrier fiscal suivant :

15/04/N, calcul et paiement du solde de l'IS N – 1 — 31/12/N, clôture exercice N

Date d'exigibilité		20/02/N	20/05/N	20/08/N	20/11/N	
Date de paiement		15/03/N	15/06/N	15/09/N	15/12/N	2e jour suivant 1er mai
Calcul des acomptes d'IS	Formule de base	Sur la base du BI N – 2 (1)	Sur la base du BI N – 1 – acompte précédent (2)	Sur la base du BI N – 1 (1)	Sur la base du BI N – 1 (1)	Solde IS = IS net – total des acomptes
	Supplément d'acompte si la société encaisse des redevances de brevets	2,5 % RCB N – 2	5 % RCB N – 1 – acompte précédent	2,5 % RCB N – 1	2,5 % RCB N – 1	

BI : base imposable au taux normal — *RCB : revenus nets de concessions de brevets*

(1) 1/4 de 25 %.

(2) 1/2 de 25 %.

⚠ REMARQUES

L'article 1668 du CGI prévoit une modulation d'acompte pour les grandes entreprises. Sont concernées les sociétés qui remplissent cumulativement les deux conditions suivantes :

– un chiffre d'affaires supérieur ou égal à 250 millions d'euros ;

– l'IS estimé au titre de l'exercice est supérieur d'au moins 50 % par rapport à celui du dernier exercice pour les entreprises dont le chiffre d'affaires est compris entre 250 millions et 1 milliards d'euros, ou d'au moins 25% pour les entreprises qui ont un chiffre d'affaires compris entre 1 milliards et 5 milliards d'euros, ou enfin de 11,1% pour les entreprises qui ont chiffre d'affaires supérieurs 5 milliards d'euros.

Dans ce cas :
– pour les entreprises dont le chiffre d'affaires est compris entre 250 millions et 1 milliard d'euros, le dernier acompte est égal à 95 % de l'IS estimé au titre de cet exercice moins le montant des acomptes déjà versés ;
– pour les entreprises qui ont un chiffre d'affaires compris entre 1 milliard et 5 milliards d'euros, le dernier acompte est égal à 98 % de l'IS estimé au titre de cet exercice moins le montant des acomptes déjà versés ;
– pour les entreprises qui ont un chiffre d'affaires supérieur à 5 milliards d'euros, le dernier acompte est égal à 98 % de l'IS estimé au titre de cet exercice moins le montant des acomptes déjà versés.

Calcul des acomptes et du solde sur contributions

Pour une société qui clôt son exercice au 31 décembre, les opérations suivent le calendrier fiscal suivant :

15/04/N, calcul et paiement du solde de l'IS N – 1

31/12/N, clôture exercice N

Date d'exigibilité	20/02/N	20/05/N	20/08/N	20/11/N	
Date de paiement	15/03/N	15/06/N	15/09/N	15/12/N	15/04/N + 1
Calcul des acomptes sur contribution sociale	0,825 % × (IS brut N – 2 – 763 000)	1,65 % × (IS brut N – 1 – 763 000) – acomptes précédents	0,825 % × (IS brut N – 1 – 763 000)	0,825 % × (IS brut N – 1 – 763 000)	Solde : (IS brut N – 763 000) × 3,3 % – total des acomptes

FICHE 21 LE REPORT DES DÉFICITS DES SOCIÉTÉS SOUMISES À L'IS

Lorsqu'une société soumise à l'IS constate un déficit, elle peut, sous certaines conditions, le reporter en avant ou en arrière.

1 - LE REPORT EN AVANT

Les déficits fiscaux sont normalement reportables en avant sans limite de temps. Il existe toutefois une limite sur le montant imputable sur chaque exercice pour les exercices clos à compter du 21/09/2011.

Les modalités de report du déficit dépendent du montant du bénéfice fiscal sur lequel le déficit va être imputé :
– si le bénéfice fiscal est inférieur à 1 000 000 €, le déficit est imputable sans limitation à hauteur de ce bénéfice ;
– si le bénéfice fiscal est supérieur à 1 000 000 €, on calcule un plafond d'imputation qui est égal à : 1 000 000 + (50 % × (bénéfice fiscal – 1 000 000).

APPLICATION

Énoncé : La société Carter réalise en 2013 un déficit fiscal de 1 800 000 €.

En 2014, le résultat fiscal est de 2 000 000 €.

En 2014, la société ne pourra imputer que le montant suivant :

1 000 000 + (50 % × (2 000 000 – 1 000 000) = 1 500 000 €.

Il reste un montant imposable pour 2012 de :

2 000 000 – 1 500 000 = 500 000 €.

Il reste un déficit à reporter sur les exercices suivants de :

1 800 000 – 1 500 000 = 300 000 €.

2 - LE REPORT EN ARRIÈRE

S'il existe un bénéfice fiscal sur l'exercice précédent l'année où l'on constate le déficit, les entreprises soumises à l'IS peuvent procéder à un report en arrière de celui-ci. Le déficit d'un exercice peut donc être reporté en arrière dans la limite de 1 000 000 € ou du bénéfice fiscal si celui-ci est inférieur à 1 000 000 €.

Certains bénéfices ne peuvent être utilisés pour pratiquer cette imputation. Sont notamment concernés la fraction des bénéfices distribués, les bénéfices ayant bénéficié d'exonérations, les bénéfices dont l'imposition a été réglée au moyen de crédits d'impôts.

■ *APPLICATION*

Énoncé : La société LARCAM a réalisé en 2023 un déficit fiscal de 138 200 €. L'exercice 2022 présentait un bénéfice fiscal de 125 000 €.

L'imputation va se faire comme suit :

Année	Bénéfice d'imputation	Bénéfice imputé	Reste à imputer
2011	125 000 €	125 000 €	138 200 – 125 000 = 13 200 €

Sur les 138 200 € de déficit, 125 000 € peuvent être reportés en arrière.
Les 13 200 € restant vont être reportés en avant.
Le report en arrière fait naître une créance sur l'État de :

$$125\,000 \times 25\ \% = 31\,250\ €.$$

	Traitement comptable	Traitement fiscal	Correction extra-comptable
Cette créance constitue un produit pour l'entreprise	Comptabilisé en 699 - Produit, report en arrière des déficits	Produit non imposable	Déduction du résultat fiscal de l'exercice

⚠ *REMARQUE*

L'entreprise peut demander le paiement de cette créance. Elle peut aussi choisir de la conserver pour l'imputer sur des paiements futurs liés à l'IS (acomptes ou solde).

L'IMPÔT SUR LES SOCIÉTÉS POUR LES PME

1 - CHAMP D'APPLICATION ET PRINCIPE DE FONCTIONNEMENT

PME bénéficiant du taux de 15 %

Pour bénéficier du régime de faveur des PME, les entreprises soumises à l'IS doivent répondre aux deux conditions suivantes :
– avoir un chiffre d'affaires hors taxes inférieur à 7 630 000 € ;
– avoir leur capital social possédé par des personnes physiques à hauteur d'au moins 75 %.

Dans ce cas, elles sont exonérées de contribution sociale. Le taux d'IS qui s'applique est en fonction des tranches du bénéfice fiscal, comme le montre le tableau suivant :

Tranches du bénéfice fiscal	2022
Jusqu'à 38 120 €	15 %
Au-delà de 38 120 €	25 %

Exemple

Une PME qui a réalisé en 2022 un bénéfice fiscal de 63 210 € verra son IS brut calculé de la façon suivante : IS sur bénéfice fiscal :
38 120 × 15 % + (63 210 – 38 120) × 25 % = 11 968 € (arrondi)
Dans le cas où le bénéfice fiscal serait inférieur à 38 120 €, il pourra bénéficier dans son intégralité du taux réduit de 15 %.
Ainsi, si le bénéfice fiscal avait été de 29 800 €, l'IS lié calculé sur la base du bénéfice fiscal aurait été de 29 800 × 15 %.

L'IS net est toujours égal à l'IS brut auquel on retranche les réductions et crédits d'impôts.

2 - CONSÉQUENCES SUR LE CALCUL DES ACOMPTES D'IS

Le calendrier et le calcul des acomptes se fait sur les mêmes bases que les entreprises bénéficiant du régime général (voir fiche 21). Toutefois, l'application du taux réduit doit être prise en compte dans le calcul des acomptes. Ainsi, pour le calcul du troisième acompte au titre de l'exercice 2022 se fera en prenant comme référence le bénéfice fiscal.

Si les derniers étaient respectivement de 51 200 € et 11 000 €, le 3e acompte sera de :

$38\,120 \times 3{,}75\ \% + (51\,200 - 38\,120) \times 6{,}25\ \% = 2\,247$ € (arrondi)

Le calcul des autres acomptes se fera en respectant ce même principe, en effectuant toujours la régularisation au moment du calcul du 2e acompte.

FICHE 23 PRINCIPE DE LA TVA

La TVA (taxe sur la valeur ajoutée) est un impôt indirect prélevé sur la plupart des biens et des services consommés en France et dans les pays de l'Union européenne.
En principe, chaque assujetti devrait donc calculer la **valeur ajoutée** de chaque opération qu'il effectue et calculer l'impôt dû sur celle-ci.

1 - CALCUL DE LA VALEUR AJOUTÉE

	Définition économique	Définition comptable
Valeur des biens et services produits	Marge commerciale + Production de l'exercice[1]	(707 – 7097) – (607 – 6097 +/– 6037 + 6087) 70 (sauf 707) – 709 (sauf 7097) 72, +/– 713
Valeur des consommations intermédiaires	Consommation en provenance des tiers (consommations intermédiaires)	Comptes 60 (sauf 607, 6097, 6037, 6087), 61 et 62
= Valeur ajoutée	= Valeur ajoutée	

2 - CALCUL DE LA TVA À PAYER

La TVA à payer devrait être égale à la valeur ajoutée × taux de TVA.
L'administration fiscale, dans un souci de simplification, néglige l'influence des stocks et calcule la TVA à payer de la manière suivante :

TVA à payer = (ventes HT × taux de TVA) – (achats HT × taux de TVA)

(1) Production de l'exercice : c'est la somme des ventes (autres que les ventes de marchandises), de la production immobilisée et de la production stockée.

■ *Exemple*

Un commerce de détail fournit un état de ses ventes et achats du mois de janvier. Taux de TVA : 20 %.

Marchandises vendues HT	20 000
Marchandises achetées HT	5 000
Autres achats HT	1 500
Services extérieurs (transport, téléphone, eau…) HT	300
Salaires du personnel	7 800

Méthode économique reposant sur la valeur ajoutée		**Méthode fiscale**	
+ production – consommations intermédiaires = valeur ajoutée	20 000 (5 000 + 1 500 + 300)[1] 13 200	+ **TVA collectée** sur les ventes – **TVA déductible** sur les achats	20 000 × 0,20 = 4 000 6 800 × 0,20 = 1 360
TVA à payer	**2 640**	TVA à payer	2 640

On constate que l'on arrive au même montant de TVA à payer du moment que l'on ne tient pas compte des stocks.

La TVA est « neutre » pour l'entreprise, seul le consommateur final la paie.

Reprenons la situation de trésorerie du détaillant selon qu'il est ou non assujetti à la TVA.

Détaillant non soumis à la TVA		**Détaillant soumis à la TVA**	
Ventes Achats Salaires	20 000 6 800 7 800	Ventes TTC Achats TTC Salaires TVA à payer	20 000 × 1,2 = 24 000 6 800 × 1,2 = 8 160 7 800 2 640
Solde	**5 400**	**Solde**	**5 400**

Seul le consommateur final paie de la TVA puisqu'il n'en collecte pas.

(1) Les salaires ne sont pas des consommations intermédiaires et ne sont pas soumis à la TVA.

PERSONNES ET OPÉRATIONS SOUMISES À LA TVA (1)

Selon l'article 256 du CGI : « sont soumises à la TVA **les livraisons de biens et les prestations de services** effectuées à **titre onéreux** par un **assujetti** agissant en tant que tel ».

1 - PRINCIPES

L'art. 256 du CGI donne les conditions de soumission d'une opération à la TVA. L'opération doit être :

Une livraison de biens	C'est le transfert du pouvoir de disposer d'un bien meuble corporel comme un propriétaire. La loi considère comme des biens meubles corporels : l'électricité, le gaz, la chaleur, le froid et les biens similaires.
Une prestation de services	Il s'agit des opérations autres que celles définies ci-dessus. On trouve dans cette catégorie : – les cessions de biens meubles incorporels ; – les travaux immobiliers ; – les opérations résultant d'une obligation de faire ou de ne pas faire, transport, location, travaux d'étude.
Réalisée à titre onéreux	Il doit obligatoirement y avoir une contrepartie à la livraison de bien ou la prestation de services (somme d'argent, service rendu…).
Réalisée par un assujetti dans le cadre d'une activité économique exercée à titre indépendant	L'assujetti est une personne qui fait de manière indépendante et pour son propre compte des opérations économiques de manière habituelle. L'assujetti est donc un producteur, un commerçant ou un prestataire de service y compris les activités agricoles, libérales, civiles ou extractives (art. 256 A). Sont exclus les salariés.

Toutes les opérations répondant à ces principes sont des opérations soumises par nature. La loi prévoit d'autres opérations qui sont soumises par disposition spéciale, d'autres qui sont exonérées.
Enfin, il faut tenir compte des règles de territorialité.

2 - LES OPÉRATIONS IMPOSÉES D'APRÈS UNE DISPOSITION SPÉCIALE : ART. 257 DU CGI

Un certain nombre d'opérations qui ne répondent pas à la définition présentée à la page précédente sont malgré tout soumises à la TVA. On y trouve, sous certaines conditions :

Les livraisons à soi-même

Il s'agit de biens ou de services qu'un assujetti conçoit à partir de biens ou de moyens propres pour les besoins de l'entreprise ou qu'elle attribue, sans les vendre, à ses salariés, ses dirigeants ou des tiers.
On parle d'auto-fabrication si le bien ou le service est à usage de l'entreprise, et d'auto-consommation si le bien ou le service n'est pas destiné à l'entreprise.

Opération	Livraison à soi-même	Exemple	TVA	Conséquences comptables
Auto-fabrication	D'une immobilisation	Ordinateur prélevé sur la production pour être utilisé dans l'entreprise	Non pour les entreprises dont le chiffre d'affaires est entièrement soumis à la TVA. Oui pour les autres.	Utilisation des comptes 44562 – TVA déductible sur immobilisation et 44571 – TVA collectée
	D'un autre bien	Prélèvement de bois dans une menuiserie pour la réparation du parquet de l'entreprise	Non	Aucune
Auto-consommation	D'une immobilisation	Un dirigeant reprend chez lui un ancien ordinateur figurant à l'actif de l'entreprise	Oui, si la TVA a été déduite à l'achat	Utilisation du compte 44571 – TVA collectée, calculée sur la valeur vénale.
	D'un autre bien	Prélèvement de médicaments pour les besoins personnel du pharmacien		Utilisation du compte 44571 – TVA collectée, calculée sur le coût de production et d'achat

La base imposable correspond au coût d'achat ou de production.

Les autres opérations soumises à la TVA

• Les cessions d'immeubles sont soumises à la TVA :
– lorsque c'est la mutation (cession) d'un immeuble en état d'achèvement vers un premier propriétaire ;
– lorsque c'est la première mutation d'un immeuble achevé depuis moins de cinq ans.
• Les acquisitions intra-communautaires et les importations (paiement au passage en douane).

FICHE 25 PERSONNES ET OPÉRATIONS SOUMISES À LA TVA (2)

Les opérations exonérées sont des opérations qui devraient être imposables par nature mais qui ne le sont pas par disposition de la loi.
Exemples : activités médicales et paramédicales, opérations d'assurance et de Bourse, intérêts et agios bancaires ; location d'immeubles à usage d'habitation.
Les loueurs de locaux professionnels nus sont autorisés à opter pour la TVA.

1 - LES OPÉRATIONS IMPOSÉES SUR OPTION ET LES OPÉRATIONS EXONÉRÉES

Opérations exonérées sans option possible	Opérations exonérées avec option possible
• Activités médicales et paramédicales • Activités d'enseignement • Services à caractère social, éducatif culturel ou sportif rendus par les associations (sauf services à caractère commercial) • Services publics • Opérations d'assurances ou de Bourse • Ventes d'immeubles ou de fonds de commerce soumises aux droits d'enregistrement • Activités bancaires • Intérêts, agios, escomptes, prêts, cessions de créances • Locations d'immeubles à usage d'habitation • Terrains agricoles	• Commissions sur effets, sur tenue de compte, affacturage • Locaux loués nus à usage professionnel

⚠ REMARQUE

Certaines entreprises n'ont qu'une partie de leur chiffre d'affaires qui entre dans le champ d'application de la TVA, ce qui a une influence sur la TVA qu'elles peuvent déduire. Depuis le 1er janvier 2008, la notion « d'assujetti partiel » et de « redevable partiel » est atténuée par la nouvelle règle de l'affectation.
Le montant de la TVA déductible est égal au produit de la TVA acquittée pour chaque acquisition par le coefficient de déduction, calculé ainsi :

Coeff. d'assujettissement	×	Coeff. de taxation	×	Coeff. d'admission
↓		↓		↓
Prorata de bien ou de service utilisé pour une opération imposable.		Seule peut être déduite la TVA des B et S utilisés pour les opérations ouvrant droit à déduction.		Il varie en fonction de la réglementation, certaines opérations sont exclues du droit à déduction.

2 - RÉGIMES DE TVA

Régimes et seuils d'application	Obligations fiscales et comptables pendant l'exercice
Réel normal : CA HT > 818 000 € pour les vendeurs CA HT > 247 000 € pour les prestataires ou TVA due annuelle > 15 000 €	Fiscalement, l'entreprise doit établir mensuellement une déclaration (CA3) déterminant le solde à payer ou le crédit de TVA.
	Le Code de commerce et le Code général des impôts prévoient que l'entreprise doit tenir une comptabilité d'engagement.
Réel simplifié : 818 000 € > CA HT > 85 800 € pour les vendeurs 247 000 € > CA HT > 34 400 € pour les prestataires	L'entreprise établit une déclaration fiscale (CA12) une seule fois par an, le 15 avril de l'année suivante. Pendant l'exercice, l'entreprise doit verser deux acomptes qui sont calculés par l'administration fiscale sur la base des TVA (hors immobilisations) des deux années précédentes.
	Les entreprises individuelles sont autorisées à tenir une comptabilité de trésorerie (recettes-dépenses). Les autres doivent continuer à tenir une comptabilité d'engagement.
Franchise de TVA[1] : CA HT < 85 800 € pour les vendeurs CA HT < 34 400 € pour les prestataires	Les entreprises sont dispensées de collecter de la TVA, ce qui entraîne qu'elles ne peuvent donc pas déduire celles qu'elles ont réglées à leur fournisseur. **Remarque :** en contrepartie, ces entreprises sont soumises à la taxe sur les salaires.
	Les obligations sont allégées. Elles consistent principalement à tenir des registres recensant respectivement les achats et les recettes.

La télédéclaration et le télépaiement sont obligatoires depuis 2014.

- À compter des revenus 2017, sont dissociés le montant des seuils pour la franchise de TVA[1] et ceux pour le régime d'imposition du micro-BIC (176 200 € pour les ventes de biens, 72 600 € pour les prestations de services).
- L'option pour le régime du réel de TVA n'entraîne plus la déchéance du régime du micro-BIC.

(1) Si une entreprise soumise au régime de franchise en base dépasse le seuil, elle reste à ce régime au titre de l'année de dépassement. Si elle dépasse les seuils majorés (94 300 € pour les livraisons de biens et 36 500 € pour les prestations de service), l'application du réel simplifié s'applique dès le premier jour de dépassement.

FICHE 26 TERRITORIALITÉ DE LA TVA

La territorialité délimite l'application de la TVA dans un espace géographique. Les trois grands ensembles de territorialité sont :

- **le territoire français** qui se compose de :
  – la France continentale ;
  – la Corse ;
  – la principauté de Monaco ;
  – les eaux territoriales ;
  – le plateau continental ;
- **le territoire de l'Union européenne** qui se compose des 27 États membres ;
- **les pays tiers** qui sont tous les autres pays autres que ceux de l'UE, et constituent des territoires d'exportation.

1 - OPÉRATIONS PORTANT SUR DES BIENS MEUBLES

Le critère d'imposition est le lieu de livraison.

Opération effectuée par un assujetti	Acquisition de bien	Cession de bien
Sur le territoire français	Opération soumise à la TVA.	Opération soumise à la TVA.
Sur le territoire de l'Union européenne	Il s'agit d'une **acquisition intracommunautaire** : – si le **vendeur est un assujetti** et qu'il y a **échange des numéros d'identification** à la TVA : opération soumise à la TVA en France ; – dans le cas contraire, l'opération n'est pas soumise à la TVA en France.	On parle de **livraison intracommunautaire** : – si le **vendeur est un assujetti** et qu'il y a **échange des numéros d'identification à la TVA**, l'opération est exonérée de TVA ; – dans le cas contraire, l'opération est soumise à la TVA en France.
Dans un pays tiers	Il s'agit d'une **importation** : le bien est taxé en France. La TVA est payée au moment du passage en douanes. À partir du 1er janvier 2022, le régime de l'autoliquidation va être généralisé pour les importations.	Il s'agit d'une **exportation** : l'opération est exonérée de TVA.

2 - OPÉRATIONS PORTANT SUR DES PRESTATIONS DE SERVICES

Deux directives communautaires, qui sont entrées en vigueur au 1er janvier 2010, ont modifié les règles applicables aux acquisitions intracommunautaires.

À compter de cette date, lorsque la prestation de service sera rendue à un assujetti (opération dite « B2B » ou *business to business*), celle-ci sera en principe taxable dans l'État d'établissement, de celui-ci (client assujetti). Il devra donc auto-liquider la TVA dans son pays d'origine.

Lorsque la prestation de service est rendue à un non-assujetti (opération dite « B2C » ou *business to consumer*), celle-ci sera en principe taxable dans le pays d'établissement du prestataire.

Il existe toutefois des exceptions à ces principes. Parmi ces exceptions, on trouve notamment :
– **les travaux immobiliers** : la TVA est toujours exigible dans le pays où l'immeuble sur lequel porte les travaux est implanté. Si le propriétaire de l'immeuble (client) est un assujetti, il auto-liquide la TVA. Si le propriétaire est un non-assujetti, le prestataire doit s'identifier auprès de l'administration fiscale du pays où se situe l'immeuble ;
– **les transports de biens intra-communautaires** : si le preneur est un assujetti, la TVA est exigible dans le pays où celui-ci est installé. Si le preneur est un non-assujetti, c'est le lieu de départ du transport qui détermine le pays où la TVA sera exigible ;
– **la location de moyens de transport** : les locations de courte de durée (moins de 30 jours) sont imposables dans le pays de mise à disposition du moyen de transport.

⚠ REMARQUE

La transposition de la directive 2018/1910 dans la loi de finances 2020 fixe les nouvelles conditions d'exonération concernant les livraisons intracommunautaires. La livraison doit être effectuée à titre onéreux, le vendeur est un assujetti agissant en tant que tel. L'acquéreur est un assujetti ou une personne morale non assujettie (ne bénéficiant pas dans son pays du régime des PBRD), il doit être identifié à la TVA dans un Etat membre autre que celui de départ de l'expédition des biens et doit avoir communiqué son numéro d'identification au fournisseur. Le vendeur doit justifier par tout moyen de la réalité de l'expédition ou du transport des biens hors de France et souscrire les déclarations fiscales et statistiques prévues.

TVA EXIGIBLE (1)

1 - BASE D'IMPOSITION : ART. 266 À 268 DU CGI

Base d'imposition : elle est constituée par toutes les sommes, valeurs, biens ou services reçus ou à recevoir par le fournisseur ou le prestataire en contrepartie de la livraison de bien, de la prestation de services ou de l'acquisition intra-communautaire, de la part de l'acheteur…

Sont donc compris dans la base d'imposition :

– le prix de vente net hors TVA : c'est-à-dire déduction faite de tous les rabais, remises, ristournes et escomptes accordés au client ;

– les impôts, taxes, droits et prélèvements à l'exclusion de la TVA elle-même : taxe locale sur l'électricité, taxe sur les tabacs... ;

– les frais accessoires : frais d'emballage, de transport, de commission, d'assurance, etc.

Sont exclus : les frais avancés par le vendeur en vertu d'un mandat et remboursés pour la somme exacte par l'acheteur.

2 - LES TAUX DE TVA

Taux normal 20 %	Il s'applique à toutes les opérations imposables pour lesquelles un autre taux n'est pas expressément prévu.
Taux réduit 5,5 %	Il s'applique à certains produits ou biens limitativement énumérés par la loi : livres, eau et boissons non alcooliques, produits destinés à l'alimentation humaine (sauf alcool), les livraisons d'électricité et fourniture de chaleur, les appareillages pour handicapés, les travaux de rénovation des logements sociaux.
Taux intermédiaire 10 %	Il s'applique au bois de chauffage et cessions de droits patrimoniaux des auteurs et artistes, à la presse, aux médicaments et préparations magistrales (non soumis au taux super réduit de 2,1 %), à la fourniture de logements et de repas, aux ventes à consommer sur place ou à emporter, aux spectacles, visites, jeux, attractions, aux services d'aide à la personne, aux travaux dans les logements, au transport de voyageurs.
Taux particulier 2,10 %	Il s'applique aux médicaments remboursés par la Sécurité sociale, aux publications de presse, à la redevance télévision et aux ventes d'animaux vivants de boucherie ou de charcuterie. D'autres taux particuliers sont applicables en Corse et dans les DOM-COM.

3 - FAIT GÉNÉRATEUR ET EXIGIBILITÉ

Le **fait générateur** est l'événement qui donne naissance à la créance fiscale du Trésor public.

L'**exigibilité** est le droit que le Trésor public peut faire valoir pour obtenir le paiement de la TVA.

Le fait générateur et l'exigibilité ne coïncident pas toujours et peuvent donc avoir des dates différentes. Le taux de TVA applicable est toujours le taux qui était applicable au moment du fait générateur.

Principe

Opération	Fait générateur	Exigibilité
Ventes de biens	Délivrance du bien	Délivrance du bien
Prestations de services	Date d'exécution de la prestation	Date d'encaissement (sauf autorisation sur les débits)
Travaux immobiliers	Exécution des travaux	Encaissement d'acomptes ou du prix (sauf option pour les débits)
Livraisons à soi-même	1re utilisation	1re utilisation
Importations	Dédouanement	Dédouanement
Acquisitions intra-communautaires	Délivrance du bien Exemple : livraison le 10/02/N	Le 15 du mois suivant le fait générateur ou la date de la facture si celle-ci est délivrée avant Sans facture : exigibilité le 15/03/N

Implications comptables

La date d'exigibilité est la date de comptabilisation de la TVA collectée et détermine le mois où elle apparaît sur la déclaration de TVA.

La déclaration de la TVA exigible sur les acquisitions intracommunautaires (sur les biens) par le client relève du système de l'autoliquidation. La TVA a été constatée en comptabilité dans les comptes 4456 TVA déductible (débit) et 4452 TVA due intracom (crédit). Au 1er septembre 2006, ce dispositif a été généralisé et rendu obligatoire à **toutes les opérations imposables en France** qui sont réalisées par des assujettis à l'étranger au bénéfice de clients identifiés à la TVA en France (sauf dispositions contraires expresses prévues par le CGI).

TVA EXIGIBLE (2)

1 - RÉGIME DE DROIT COMMUN POUR LES VENTES DE BIENS ET SERVICES

Opérations	Encaissement d'un acompte	Facture	Encaissement du solde
Ventes de biens	Rien à faire en ce qui concerne la TVA (Une modification est prévue au 01/01/2023	TVA exigible sur le montant total de la facture. 44571 – TVA collectée	Rien à faire en ce qui concerne la TVA
Prestations de services et travaux immobiliers	TVA exigible sur le montant de l'acompte : 44571 – TVA collectée	Pas de TVA exigible, utilisation d'un compte d'attente : 4458 – TVA en attente	TVA exigible sur le montant du solde : 44571 – TVA collectée

■ *Exemple*

M. Luillier, artisan ébéniste, fabrique et répare des meubles.

Au cours du mois de mars N, il a reçu deux commandes :

– 15 mars N : Mme Fargnier lui a commandé un meuble de télévision sur mesure et versé un acompte de 150 €. Le meuble est facturé et livré le 20 avril N pour un montant HT de 450 €. Le solde est réglé le 15 mai.

– 23 mars N : M. De Botton accepte le devis concernant la réparation d'une commode ancienne et verse 300 € d'acompte. La commode est remise en état et rendue à son propriétaire le 1er juin N, accompagnée de la facture. Le montant hors taxes de la réparation s'élève à 900 €. M. De Botton règle par chèque bancaire le 8 juin N.

2 - ANALYSE DES OPÉRATIONS

Opération	Analyse
Fabrication d'un meuble sur mesure	
Le 15 avril N : acompte	Il s'agit d'une livraison de bien. L'acompte versé ne rend pas la TVA exigible.
Le 20 avril N : facturation	TVA exigible de : 450 × 0,20 = 90 €
Le 15 mai N : règlement	Pas de TVA, elle a déjà été collectée.

Opération	Analyse
Réparation d'une commode Le 23 mars : acompte Le 1er juin N : facturation Le 8 juin N : règlement	Il s'agit d'une prestation de service. **TVA sur encaissement** La TVA incluse dans l'acompte est exigible : 50 = 300 / 1,20 × 0,20. TVA sur encaissement donc pas de TVA exigible. TVA exigible sur le solde : 130 = (900 × 0,20) – 50

3 - L'AUTORISATION SUR LES DÉBITS : LES PRESTATIONS DE SERVICE ET LES TRAVAUX IMMOBILIERS

Le prestataire peut demander à l'administration fiscale le droit de comptabiliser la TVA à la facturation comme pour les livraisons de biens. Dans ce cas, la facture doit porter la mention : « TVA payée sur les débits ».

Opérations	Encaissement d'un acompte	Facture	Encaissement du solde
Prestations de services et travaux immobiliers	TVA exigible sur le montant de l'acompte : 44571 – TVA collectée	TVA exigible sur le solde de la facture : 44571 – TVA collectée	Rien à faire en ce qui concerne la TVA

■ *Exemple*

Opération	Analyse
Cas de l'autorisation sur les débits Le 23 mars N : acompte Le 1er juin N : facturation Le 8 juin N : règlement	Reprenons l'exemple de la réparation de la commode. La TVA incluse dans l'acompte reste exigible : 50 = 300 / 1,20 × 0,20 L'autorisation sur les débits rend le reste de la TVA exigible à la facturation : 130 = (900 × 0,20) – 50 Pas de TVA collectée.

FICHE 29 TVA DÉDUCTIBLE

La TVA payée par l'entreprise à ses fournisseurs est récupérable auprès de l'État en fonction du coefficient de déduction (voir la fiche 25, pages 52 et 53). Si le coefficient de déduction est inférieur à 1, à cause du coefficient d'assujettissement et de taxation, on calcule un coefficient de déduction provisoire qui sera régularisé l'année suivante. Elle vient en déduction, d'où son nom de TVA déductible, de la TVA collectée sur les clients et qui est à reverser à l'État.

1 - LES CONDITIONS DE FOND ET DE FORME : ART. 271 À 273 OCTIES DU CGI

Conditions de fond	Conditions de forme
Les biens et les services doivent être utilisés pour les besoins de l'exploitation. Seront exclues toutes les dépenses somptuaires.	La TVA déductible doit figurer clairement sur un document : facture, déclaration d'échange de biens. Le document sert de preuve.
Les biens et les services doivent servir à réaliser une opération soumise à la TVA sauf les exportations.	La déduction doit être opérée en principe lorsque la TVA devient exigible chez le redevable. À la livraison de bien (facturation) pour les biens, à l'encaissement pour les prestations de services.
Les biens et les services ne doivent pas être expressément exclus du droit à déduction : véhicule de tourisme (voir ci-après).	La TVA déductible doit être clairement mentionnée sur la déclaration de TVA. En cas d'oubli, elle peut être récupérée jusqu'au 31 décembre de la deuxième année qui suit celle de la réalisation de l'opération qui a ouvert le droit.

2 - LES ÉLÉMENTS EXCLUS DU DROIT À DÉDUCTION

Éléments exclus du droit à déduction	Exceptions à l'exclusion
Dépenses de logement, de réception, de spectacles destinés à satisfaire les besoins individuels des dirigeants ou des salariés	• La fourniture de logement gratuit dans les locaux de l'entreprise au personnel de surveillance, de sécurité, de gardiennage. • Les dépenses de logement, de réception, de spectacles supportées par l'entreprise pour les tiers, dirigeants et salariés dans le cadre de l'activité professionnelle (exemple : repas d'affaires). • Les immobilisations affectées à la satisfaction des besoins du personnel sur le lieu de travail (cantines, crèches…). • Les vêtements de travail ou de protection.

Dépenses d'achat de biens ou de services concernant le transport des personnes	• Camionnettes, tracteurs, véhicules utilitaires. • Véhicules permettant le transport en plus du chauffeur de plus de 8 personnes assises et permettant d'amener le personnel sur le lieu de travail. • Les véhicules affectés à l'enseignement de la conduite. • Les entreprises de location de véhicules. • Les véhicules des entreprises de transport public de voyageurs.
Les cadeaux et libéralités	Les biens d'une valeur inférieure à 69 € TTC par an et par bénéficiaire. Les échantillons et les articles publicitaires.
Les produits pétroliers	• 80 % de la TVA sur le gazole et E85 utilisé pour des véhicules exclus du droit à déduction. • La totalité de la TVA sur le gazole utilisé par des véhicules ouvrant droit à déduction. • La totalité de la TVA sur GPL et GNV pour tous les véhicules ouvrant ou non droit à déduction. • La totalité de la TVA sur les produits pétroliers utilisés comme matières premières. • La totalité de la TVA sur les lubrifiants utilisés pour les véhicules ouvrant droits à déduction. • Le régime fiscal de l'essence devrait être aligné sur celui du gazole et E85 à l'horizon 2022. La part déductible prévue en 2018 est de 20 % et de 40 % en 2019.

3 - CALCUL ET CRÉDIT DE TVA

TVA à payer = TVA exigible (collectée) – TVA récupérable (déductible)

Il arrive que le montant de TVA déductible soit supérieur au montant de la TVA collectée. L'entreprise a un crédit de TVA. Il existe alors différentes solutions.

PRINCIPE

1. Déduire le montant du crédit de TVA de la prochaine déclaration de TVA.
2. Demander le remboursement si le crédit est au moins égal à 760 € à la fin de chaque mois et 150 € fin décembre.

Les **régularisations annuelles** ont lieu sur les immobilisations lorsque le coefficient de déduction pendant la période de régularisation (5 ou 20 ans) s'écarte de plus de 10 points par rapport au coefficient de déduction initial (lors de l'acquisition).

Les **régularisations globales** ont lieu dans divers cas :

– pour les biens qui n'ont pas donné lieu à une déduction intégrale et qui sont affectés à un secteur permettant une déduction totale (la régularisation est un complément de déduction) ou inversement (dans ce cas, on procède à un reversement de TVA) ;

– pour les biens qui n'ont pas donné lieu à une déduction totale lors de l'acquisition et qui sont cédés avec de la TVA collectée (la régularisation est un complément de déduction) ou inversement (dans ce cas, on procède à un reversement de TVA).

1 - LES BIENS MEUBLES

Pour les biens meubles, la période de régularisation est de 5 ans. Les régularisations peuvent intervenir dans les entreprises qui ont un coefficient de déduction inférieur à 1, mais on connaît un cas classique de régularisation dans les entreprises qui ont un coefficient d'assujettissement et de taxation de 1 : celui des véhicules de tourisme revendus à un négociant en bien d'occasion.

En effet, l'acquisition d'un véhicule de tourisme est exclue du droit à déduction, donc sa cession n'est en principe pas imposable. Il existe pourtant une exception à ce principe : la cession à un négociant en biens d'occasion, qui a intérêt à rendre la cession imposable et qui d'autre part ouvre droit à un éventuel complément de déduction de la TVA non initialement déduite lors de l'acquisition.

<table>
<tr><th></th><th>Conséquences fiscales</th><th>Conséquences comptables</th></tr>
<tr><td>Cession</td><td>La vente du véhicule est imposable.</td><td>L'écriture de cession utilise un compte de TVA collectée :
<table>
<tr><td>462</td><td></td><td>TTC</td><td></td></tr>
<tr><td>775
44571</td><td>PCEAC
État, TVA collectée</td><td></td><td>HT
TVA</td></tr>
</table></td></tr>
<tr><td>Complément de déduction (TVA récupérable)</td><td>La vente ouvre un droit à déduction de la TVA non initialement déduite si le véhicule a été conservé moins de 5 ans.

Calcul du complément de déduction : TVA non déduite à l'acquisition × (5 – N) / 5 N = nombre d'années ou de fractions d'années d'utilisation</td><td>La TVA devenue déductible est comptabilisée selon le schéma suivant :
<table>
<tr><td>44562</td><td>État, TVA déduite sur immobilisations</td><td>TVA</td><td></td></tr>
<tr><td>2182</td><td>Matériel de transport</td><td></td><td>TVA</td></tr>
</table></td></tr>
</table>

2 - LES BIENS IMMEUBLES

La période de régularisation pour les immeubles est de 20 ans. Les régularisations peuvent intervenir pour les mêmes raisons que pour les biens meubles.
De même, dans les entreprises qui ont un coefficient d'assujettissement et de taxation de 1, on procède à une régularisation lorsque l'immeuble a donné lieu à une déduction lors de son acquisition et que la cession est exonérée de TVA (cession effectuée par un assujetti 5 ans après la mise en service).

La TVA initialement déduite lors de la construction de l'immeuble ou lors de l'acquisition s'il s'agissait d'une première mutation dans un délai de 5 ans peut être remise en cause si l'immeuble n'a pas été conservé pendant au moins 20 ans. Il y a alors reversement de TVA.

<table>
<tr><th></th><th>Conséquences fiscales</th><th>Conséquences comptables</th></tr>
<tr><td>Cession</td><td>La vente de l'immeuble n'est pas imposable.</td><td>L'écriture de cession utilise un compte de TVA collectée :
<table><tr><td>462</td><td></td><td>Prix de cession</td><td></td></tr><tr><td>775</td><td>PCEAC</td><td></td><td>Prix de cession</td></tr></table></td></tr>
<tr><td>Reversement de TVA

(TVA exigible)</td><td>L'immeuble a été conservé au moins 20 années ou fractions d'années :
pas de remise en cause de la TVA initialement déduite : rien à faire.

L'immeuble n'a pas été conservé 20 années ou fractions d'années :
Il faut reverser 1/20 de la TVA initialement déduite par année ou fractions d'années manquante.

Calcul du reversement de TVA :
TVA déduite × (20 – N) / 20 = TVA à reverser

N = nombre d'années ou de fractions d'années de possession.</td><td>Rien à faire.
<table><tr><td>213</td><td>Constructions</td><td>TVA à reverser</td><td></td></tr><tr><td>44571</td><td>État, TVA collectée</td><td></td><td>TVA à reverser</td></tr></table></td></tr>
</table>

Achevé d´imprimer en Espagne par Grafo à Basauri
Dépôt légal : Janvier 2022 - Édition 01 - 13/3886/8